U0575832

"十四五"时期国家重点出版物出版专项规划项目

突发公共卫生事件应急物流丛书

应急供应链集成化管理

龚卫锋 著

中国财富出版社有限公司

图书在版编目（CIP）数据

应急供应链集成化管理 / 龚卫锋著．-- 北京 : 中国财富出版社有限公司，2024．11．--（突发公共卫生事件应急物流丛书）．-- ISBN 978-7-5047-8266-3

Ⅰ．F252．1

中国国家版本馆 CIP 数据核字第 2024S2P058 号

策划编辑	邢有涛	**责任编辑**	郑欣怡	**版权编辑**	李　洋
责任印制	尚立业	**责任校对**	卓闪闪	**责任发行**	敬　东

出版发行	中国财富出版社有限公司		
社　　址	北京市丰台区南四环西路 188 号 5 区 20 楼	**邮政编码**	100070
电　　话	010－52227588 转 2098（发行部）		010－52227588 转 321（总编室）
	010－52227566（24 小时读者服务）		010－52227588 转 305（质检部）
网　　址	http：//www. cfpress. com. cn	**排　　版**	宝蕾元
经　　销	新华书店	**印　　刷**	宝蕾元仁浩（天津）印刷有限公司
书　　号	ISBN 978－7－5047－8266－3/F・3766		
开　　本	710mm×1000mm　1/16	**版　　次**	2024 年 11 月第 1 版
印　　张	18. 25	**印　　次**	2024 年 11 月第 1 次印刷
字　　数	228 千字	**定　　价**	85. 00 元

学术顾问委员会

编　委　会

前　言

2017年10月，经国务院同意，国务院办公厅印发了《关于积极推进供应链创新与应用的指导意见》。这是一个里程碑式的重要战略性文件，是中国经济提升发展新动能的一个重大创新举措。该文件的正式颁发标志着中国现代物流业的发展进入智能供应链新时代。而应急供应链持续获得国内外专家学者的高度关注，特别是在抗击非典疫情、抗击低温雨雪冰冻灾害和汶川特大地震，以及抗击新冠疫情中，国家和军队紧密依托社会资源条件，组织了卓有成效的应急保障活动，推动应急供应链理论研究进入了新高潮。切实加强应急供应链集成化管理，保障完成各类重大突发事件联合应急行动，是新时代我国应急供应链体系建设发展的中心任务，应急供应链集成化管理面临着前所未有的历史性重大机遇。只有强化应急供应链集成化管理，我们才能实现应急保障需求实时可知、应急保障资源实时可视、应急保障方式立体机动、应急保障活动实时可控。

大力加强应急供应链体系建设势在必行，因此推行应急供应链集成化管理具有重大的理论价值和实践指导价值。本书主要研究应急供应链集成化管理的理性认识、战略意义、总体思路。

本书共分九章，由本人（国防大学联合勤务学院教授龚卫锋）撰写和统稿，曾勇、徐东、赵蕾、黄定政、黄剑炜、刘宁、郭威、曹瑞江、肖文鹤、焦然、李霖等参与了部分章节编写工作。本书主要内容如下：第一章为应急供应链集成化管理的理性认识，第二章为应急供应链集成化管理的特色理论，第三章为应急供应链集成化管理战略，第四章为应急供应链集成化管理机制，第五章为应急供应链集成化指挥控制，第六章为应急供应链采购集成化管理，第七章为应急供应链物流集成化管理，第八章为应急供应链信息集成化管理，第九章为应急物资供应商集成化管理。

2002 年，本人攻读军事物流专业博士，师从中国军事物流、应急物流、军事仓储三大学科创始人王宗喜教授，博士论文是关于军事供应链管理的研究。时隔 20 年，在本书撰写过程中，本人敬爱的博士生导师、国防大学教授王宗喜少将进行了悉心指导，提出了许多宝贵的修改意见，再次表示衷心感谢。

应急供应链集成化管理具有极其深刻的内涵，理论研究和实践探索的前景美好。由于笔者水平所限，书中难免有不当之处，敬请读者批评指正。

龚卫锋

2024 年 1 月

目 录

第一章　应急供应链集成化管理的理性认识

加强应急供应链集成化管理，保障完成联合应急行动，是新时代我国应急供应链体系建设发展的中心任务。应急供应链集成化管理面临着前所未有的历史性重大机遇，加强应急供应链集成化管理可实现应急保障需求实时可知、应急保障资源实时可视、应急保障方式立体机动、应急保障活动实时可控。

第一节　应急供应链集成化管理的基本内涵

应急供应链集成化管理有其深刻内涵，必须加以准确把握，从而为推行应急供应链集成化管理奠定坚实基础。

一、应急供应链

应急供应链是围绕应急物资保障部门，从应急物资生产开始，经由计划、筹措、运输、仓储、配送到使用消耗等应急物资供应保障环节，将应急物资生产商、应急物资供应商、应急物流提供商、应急物资保障部门、应急保障基地直到应急物资最终用户连成一个整体的功能网链结构模式，该模式的主要内容如下。

一是明确了应急供应链存在的目的。以应急物资保障、满足应急物资需求单位的实物需求为目的，这是应急供应链的动力之源，也是其存在的根本意义。本书中的“应急物资”是广义的，是对保障联合应急行动的各类物资的统称，包括各类物资、器材和装备等。

二是将应急供应链界定为网络结构。应急供应链是一个体系，是一个由众多组成部分结合、关联而成的系统整体；同时，也是一个网络，组成应急供应链的各成员单位之间存在相互交织、相互作用的关联关系，进而形成关系网络；最后，应急供应链是链状的，这个网络无论结构多复杂、体系多庞大，在应急物资保障过程中必然存在一个主链条，表现为应急物资保障的时序过程，它是应急供应链网络结构的主轴。

三是明确了应急供应链网络的主线。为应急行动提供应急物资保障是应急供应链的主要职能，从全时空全流程角度研究应急物资保障的应急供应链，其主线就是应急物资保障过程。围绕应急物资的生产、计划、筹措、运输、仓储、配送到使用消耗的所有环节，构成了一个完整的时序过程，该过程不仅反映了应急物资的整个生命周期，也反映了应急物资的整个应急供应链保障流程，并将应急供应链条上的所有相关成员单位关联起来，形成一个以应急物资保障全过程为主线的网络结构。

四是指出了应急供应链的成员构成。由于应急供应链是围绕一条跨越军地、贯穿应急保障各部门、各单位的主线而形成的链状网络，其组成成员是链状网络上的各个节点。由于应急供应链的核心属性是应急性，故其重心应该在国家、军队、地方的应急保障部门和应急保障力量，又因为应急供应链以应急保障为主要职能，其主要组成部分是国家和军队的应急保障系统，故应急保障系统是应急供应链的主体和核心部分。

二、应急供应链管理

应急供应链管理是应急保障部门利用现代信息技术全面规划应急

保障过程中的商流、物流、信息流、资金流、业务流等，并进行计划、组织、协调与控制。它是从应急保障源头开始，经由应急物资生产商、应急物资供应商、应急物流提供商、应急保障部门、各级应急保障基地，直到应急物资最终用户的全要素、全过程的管理模式。

应急供应链管理的基本思想是以应急物资需求为导向，以主导应急物资供应商与应急保障部门之间的供求关系为依托，以提高应急物资需求单位满意度为目标，以优势互补、合作共赢为运作模式，通过运用现代管理思想方法、信息技术、网络技术和集成技术，达到对整个应急供应链上的商流、物流、信息流、资金流的有效规划与控制，从而将应急供应链上的成员连成一个完整的网络结构，形成一个长期战略联盟。

三、应急供应链集成化管理

（一）应急供应链集成

应急供应链集成是指在一定条件下，为满足应急行动对应急物资保障的要求，应急保障部门有目的、有步骤、有针对性地采取各种有效方法和手段，创造性地设计运行机制和模式，对具备整合条件的应急供应链各种应急保障资源要素进行优化整合，使其形成快速、精确、可靠、低耗的体系化应急保障能力的过程。

（二）集成化应急供应链

“集成化”中的“化”一般有两个含义：一是指一个特定的转变过程；二是指转变后的结果或状态。由于“集成”概念本身就具有过程和结果的含义，因此可以认为“集成化”与“集成”的含义是相同的，只是在词性和用法存在差异。“集成”多用作动词，表示一个过程、活动或行为；而“集成化”多用作形容词，表示一种集成了的结果或状态。集成化应急供应链是指应急供应链的所有成员单位基于共同的目标而组成的一个“虚拟组织”，组织内的成员通过应急保障信息共享、应急保障资金和应急物资等方面的协调与合作，优化应急供应链整体保障效能。集成化应急供应链管理，就是对整个集成化应急供应链进行管理，即对应急物资制造商、应急物资供应商、应急物流提供商和应急物资最终用户之间的商流、物流、信息流和资金流进行计划、协调、控制等，使其成为一个无缝的过程，实现集成化应急供应链的整体目标。集成化应急供应链是应急供应链集成后的一种状态和结果，是集成了的应急供应链，是指供应链所有成员以对应急行动实施精确高效的应急保障为目的，通过集中调控应急供应链保障流程和实时互动与共享信息，使彼此之间达到高度协同、所有环节实现无缝化衔接以及使应急保障资源得到集约化使用，最终实现应急供应链综合保障效能的极大提升。

（三）应急供应链集成化管理

要成功实施应急供应链集成化管理，使其真正发挥节约应急保障成本、提高应急保障效能的功效，就要抛弃传统管理思想，把应急供应链各部门、各单位之间的各种应急保障活动看作一个整体功能过程，形成应急供应链集成化管理体系。通过对应急保障过程的商流、物流、信息流、资金流和业务流进行有效的控制和协调，将应急供应链有机地集成起来进行管理，达到全局动态最优目标，以适应新时代应急供应链的高质量、高柔性、低成本、快速补给和优质服务的要求。

集成化应急供应链是应急供应链的所有成员单位基于共同目标而组成的一个“虚拟组织”，组织内的成员单位通过信息共享、资源共用、充分合作，优化应急供应链整体应急保障绩效。应急供应链集成化管理就是对整个应急供应链进行集成化管理，即对应急物资生产商、应急物资供应商、应急物流提供商、应急保障部门、应急保障基地和应急物资最终用户之间的商流、物流、信息流、资金流和业务流进行计划、协调、控制等，使其成为一个无缝衔接的过程，实现应急供应链的应急保障整体目标。

应急供应链充分体现了当今世界经济、社会和应急供应链协调发展的思想，集中反映了现代应急供应链“优化整合”的核心理念。应急供应链集成化管理能相对达到总体功能大于各分系统功能之和的目的，从而能够最大限度地满足国民经济发展和应急供应链体系建设对应急供应链集成化管理的要求。

第二节　应急供应链集成化管理的基本要素

应急供应链集成化管理的基本因素包括应急供应链集成化管理主体、应急供应链集成化管理客体、应急供应链集成化管理目标、应急供应链集成化管理信息和应急供应链集成化管理方法等。

一、应急供应链集成化管理主体

应急供应链集成化管理主体是指履行应急供应链集成化管理职能的人员或组织机构。应急供应链集成化管理主体是应急供应链集成化管理的主导要素，决定应急供应链集成化管理的秩序运行和成效。

二、应急供应链集成化管理客体

应急供应链管理客体是指应急供应链集成化管理的对象，主要包括应急供应链活动中的人、财、物、事和信息等，其中对人的管理是最核心的管理。应急供应链集成化管理客体是应急供应链集成化管理的中介要素，它与管理主体构成了矛盾运动的对立统一体，表现为一个不断产生矛盾和解决矛盾的管理过程。

三、应急供应链集成化管理目标

应急供应链集成化管理目标是指应急供应链集成化管理活动在一定时期内所要达到的目的和标准，是应急供应链集成化管理活动的出发点和落脚点。应急供应链集成化管理目标，是管理者实施管理、考核的依据和被管理者行动自控的准绳，具有导向和激励作用。

四、应急供应链集成化管理信息

应急供应链集成化管理信息是指对应急供应链集成化管理决策、计划、组织、协调和控制活动产生影响的各种情报和数据资料的统称。通常以文字、数据、图表、音像等形式来描述，反映应急供应链各种业务活动在空间上的分布状况和时间上的变化程度。应急供应链集成化管理信息是应急供应链集成化管理的媒介要素，对应急供应链实施精准、高效管理具有重要作用。

五、应急供应链集成化管理方法

应急供应链集成化管理目标是指对应急供应链活动进行管理的手段和方法。应急供应链集成化管理方法是一个体系，由应急供应链集成化管理哲学方法、一般方法和具体方法构成。应急供应链集成化管理方法的正确性、合理性和系统性，直接影响和制约应急供应链集成化管理的有效性和管理目标的实现。

应急供应链集成化管理诸要素是一个有机整体，各要素间存在相互联系和影响的机理。应急供应链集成化管理主体从应急供应链集成化管理客体那里收集信息，然后根据实现应急供应链集成化管理目标需要决定下一步行动，应急供应链集成化管理客体直接影响应急供应链集成化管理主体的行为。应急供应链集成化管理客体的复杂性导致应急供应链集成化管理行为的复杂性。应急供应链集成化管理行为的复杂性决定了应急供应链集成化管理工作应该因人因事而异，采用权变原则和灵活方法实施优质管理。

第三节　应急供应链集成化管理的层次划分

按照从高到低的顺序，应急供应链集成化管理分成四个层次：信息集成、计划同步、流程协同和模式重构（见图 1-1）。

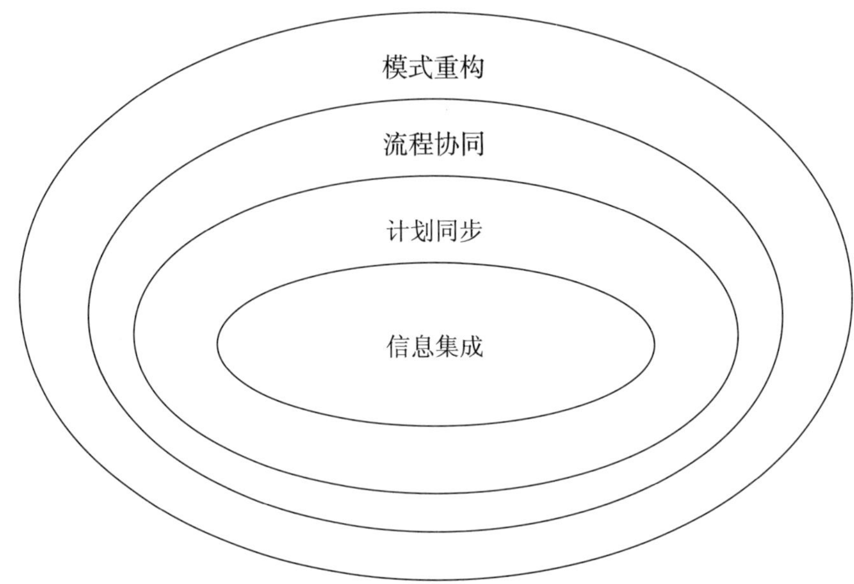

图 1-1　应急供应链集成化管理层次

一、信息集成

信息集成是指在应急供应链的各成员之间形成信息共享。这类信息包括所有可能对应急供应链成员单位现有和潜在的应急保障行为产生影响的数据，如需求数据、计划能力、生产计划、库存现状以及其他变动信息。从理想的角度而言，这些应急保障信息要求能够实现应急供应链成员之间实时共享。信息集成是整个应急供应链集成的基础，通过应急供应链来协调应急物资的有效供应，必须能够准确及时地了解应急供应链在需求计划、筹措采购、生产制造、运输投送、储存保管、组套包装、维护保养、分拣配送、资金结算的动态信息，这些信息的透明程度和可利用的时效性将直接影响整个应急供应链的运行效率。应急保障部门所关心的一个最主要问题在于，它所在的应急供应链是否真的可以被应急物资需求单位的有效需求所驱动，信息集成有效地解决了这个问题，这也是解决应急供应链中“牛鞭效应”的方法之一。

二、计划同步

计划同步是指应急供应链的成员之间共同设计和执行有关应急保障计划、需求预测和计划更新等环节。事实上，计划同步主要是解决应急供应链成员之间实现信息共享之后应该做什么的问题，是对基于共享信息基础上应急供应链成员计划行为的相互约定。计划同步要求应急供应链的各个成员在实现自己的目标计划时能与其他成员的相应目标计划协调同步，在此基础上实现整个应急供应链的整体目标：满足应急物资最终用户的需求。

三、流程协同

流程协同是指在应急供应链的成员之间实现应急供应链保障流程的统一协调，标准保持一致，实现全程的流水化和自动化。如果说计划同步解决的是信息共享基础之上的应该做什么的问题，那么应急供应链保障流程协同则在于回答基于这些共享信息如何做的问题。应急供应链保障流程的协同将极大地提高应急物资在需求、计划、生产、筹措、运输、储存、配送、使用、回收、结算等各个环节的效率。

四、模式重构

采取现代信息技术进行应急供应链的集成，可以提高应急供应链的整体运作效率，并最终与电子商务的模式和要求相融合，在信息集成、计划同步和流程协同的基础上构建新的应急保障模式，以满足应急供应链体系构建的需求。

应急供应链的集成是建立在应急供应链各成员单位间对于利益的共同理解和追求，以此为基础进行具有完全信任关系的紧密协同。在此必须指出，现代信息技术在应急供应链集成的过程中是一个必要条件，而应急供应链各成员之间的信任和协同是形成应急供应链集成的充分条件，没有这样的信任和协同，就不可能真正实现应急供应链的有效集成。

第四节　应急供应链集成化管理的基本职能

应急供应链集成化管理的基本职能，主要包括应急供应链集成化决策、计划、组织、控制、协调等。科学运用应急供应链集成化管理职能，有利于充分发挥应急供应链系统的整体功能，最大限度地提高应急供应链保障效能。

一、应急供应链集成化决策

应急供应链集成化决策是为确定应急供应链集成化管理目标和实现目标方案作出的选择和决定，有时称计策和谋略。它渗透于应急供应链活动的各个领域和应急供应链集成化管理活动的全过程，是应急供应链集成化管理的核心，是决定应急供应链集成化管理活动成败的关键。应急供应链集成化决策的对象包括整个应急供应链系统的人、财、物和事。决策的原则是依法决策、民主决策和科学决策等。应急供应链集成化决策的程序：一是调查研究，确定目标。在调查研究、提出问题的基础上，进行系统分析，根据问题确定应急供应链集成化决策目标。二是拟定方案，分析论证。分析相关条件，拟定实现应急供应链集成化管理目标的多种可行方案，并论证各种应急供应链集成化管理方案的可行性及优缺点。三是总体权衡，选优决断。从效益因素、代价因素、风险因素三方面进行评价、比较、权衡和论证，然后从一系列可选择的应急供应链集成化管理方案中作出最优选择。四是监督检查，调整修正。在执行中检查目标和实施方案的正确性，并根据客观条件的变化和实践提出的要求，进行必要的调整和修正。

二、应急供应链集成化计划

应急供应链集成化管理活动的指导性职能是为实现应急供应链集成化管理目标和决策，对应急供应链活动运行过程进行部署和具体安排。它规定实现目标的具体任务和指标、人员（机构）的分工与责任、工作起始时间与步骤，以及各项资源的综合平衡等，为组织、控制、协调提供基本依据。计划的内容主要包括应急供应链集成化管理的目标、执行的时限、步骤、方法、预期达到的目的和注意事项等。制订应急供应链集成化计划的原则是实事求是、留有余地、综合平衡、讲究效益等。制订应急供应链集成化计划的程序：一是掌握情况，明确任务。综合掌握应急供应链人力、物力、财力、技术、设施等应急供应链资源情况，明确应急供应链集成化管理目标和决策方案要求完成的任务和工作的难点、重点。二是列出项目，拟制草案。将应急供应链集成化计划任务中有关内容，按照主次缓急，分阶段、分项目地予以具体排列组合，确定应急供应链任务分工和实施的步骤与方法。三是分配资源，综合平衡。根据应急供应链任务需要，统筹兼顾、综合平衡，落实应急供应链资源分配。四是上报审核，下达执行。

三、应急供应链集成化组织

按照应急供应链集成化管理目标计划要求，配置、组合人、财、物等管理要素，形成和扩大应急供应链整体功能。应急供应链集成化组织职能包括两项内容：一是建立应急供应链集成化管理组织机构。包括设置各个应急供应链集成化管理层级和各个业务管理部门，明确各层级、各部门的组织隶属关系、协调控制关系和业务指导关系，明确应急供应链集成化管理各部门的职责权限和人员配备；建立应急供应链信息沟通渠道，设计纵向与横向应急供应链组织结构之间的联系与协调方式、信息沟通模式和控制手段等。二是组织应急供应链集成化管理系统的运行。包括明确实现应急供应链集成化管理目标所需进行的管理和业务活动，组织协调可用的应急供应链人力、财力、物力资源，组织培训、考核和激励应急供应链人员，规范应急供应链人员行为等。应急供应链集成化组织的原则是：确保应急供应链集成化管理目标的实现，与环境条件相适应，精干高效，以及责、权、利相对应等。

四、应急供应链集成化控制

对应急供应链集成化管理活动进行监测并及时找出和消除计划执行偏差的动态过程，对保证应急供应链集成化管理部门命令、指示落实，应急供应链集成化管理计划的实现以及应急供应链集成化管理系统的正常运转具有重要作用。应急供应链集成化控制的内容，包括确定应急供应链集成化控制标准、衡量应急供应链集成化控制绩效、纠正应急供应链集成化控制偏差三个环节。确定应急供应链集成化控制标准是应急供应链集成化控制的起点和依据，要求明确具体，便于检查和衡量。衡量应急供应链集成化控制绩效是应急供应链集成化控制的重要环节。按照应急供应链集成化控制标准检查与评估已完成工作的效果，并找出已经发生和潜在的问题，衡量偏差的大小与判断发展趋势，以便采取对策加以解决。纠正应急供应链集成化控制偏差是应急供应链集成化控制的落脚点和归宿。针对产生偏差的原因，采取及时有效的措施，以保证应急供应链集成化管理的正确方向，达成应急供应链集成化控制目标。应急供应链集成化控制的原则：一是相对封闭原则。应急供应链集成化控制过程要形成闭合回路，有信息反馈和处理。二是层次性原则。应急供应链集成化控制功能要形成职责明确、权责对应、自上而下的多级递阶控制关系。三是直接控制与间接控制相结合的原则。既要运用行政指令和法律手段进行控制，又要运用管理政策和经济手段进行控制，使之形成既能保证集中统一，又能充分调动各级主动性和积极性的应急供应链集成化控制体系。

五、应急供应链集成化协调

应急供应链集成化管理者采取一定的措施、方法，使所属系统与内外环境和人员等协调一致、互相配合，高效实现目标的行为过程。协调的原则：一是正确导向原则。把握目标的正确方向，统一认识，统一行动，使应急供应链组织的各个部门、单位和组织成员的工作与既定目标相一致。二是统筹兼顾原则。主要是处理好应急供应链上下游之间、部门单位之间的目标、任务、责任、权利关系，保证功能有序；协调实现应急供应链集成化管理目标过程中各阶段的关系，保证时空有序；协调好各方面的利益关系，把应急供应链各方面的利益与总体利益挂钩结合。三是动态平衡原则。根据总目标及实现目标条件的变化，及时沟通信息，调整关系，保持系统协调和谐的运行状态。四是稳定发展原则。在稳定中求发展，在发展中解决矛盾，克服障碍，达到应急供应链新的稳定状态。

第五节　应急供应链集成化管理的核心理念

著名科学家钱学森认为，系统是由相互作用、相互依赖的若干组成部分结合而成的、具有特定功能的有机整体，而且这个有机整体又是它从属的更大系统的组成部分。应急供应链是个相对复杂的大系统。应急供应链集成化管理是一种系统管理理论，它是个战略层次的概念，强调和依赖战略管理，它既把构成应急供应链的各种保障实体视为一个系统整体，又把应急供应链中的各个保障环节看作一个整体的功能过程。通过信息集成、横向集成和纵向集成的过程，优化配置各种应急供应链资源，整合国家和地方的各种应急保障力量，从而最终实现军民兼容、平急结合的“大供应”。应急供应链集成化管理的核心理念如下。

一、体系综合集成理念

随着现代信息技术的广泛应用，联合应急行动形态加速向信息化演进，精度、速度和强度成为衡量应急保障能力运用的基本指标。联合应急行动需求是应急供应链体系能够综合集成，实现体系化应急保障。

应急供应链包括应急保障过程中所涉及的各种应急保障实体，涉及企业与应急保障部门两个不同领域，在应急供应链前端的企业供应链中，由于企业竞争所导致的优胜劣汰以及应急物资需求的变化，节点企业需要动态更新；处于应急供应链中后端的应急供应保障体系，也始终处于一个持续改进和不断完善的进程之中，节点实体会因为流程重组而发生变化，因此应急供应链的组织结构非常复杂。

在联合应急保障行动中，从计划、生产、筹措、运输、储备到配送要经历许多阶段及环节，业务流程相当冗长，应急供应链集成化管理的任务极其复杂。这就要求应急供应链“形散神聚”，打破部门局限，按照联合应急行动的整体要求，简化应急保障层次，减少应急保障环节，优化应急保障结构，上下衔接、左右相连、前后贯通，提升应急供应链整体保障能力，形成集成化应急保障模式。

系统集成的核心是利用现代信息网络和技术平台，清晰了解应急供应链上的应急保障需求和应急保障资源状态，整合应急保障资源结构，提高应急供应链综合应急保障能力。要抓好应急供应链的系统集成，就必须加强顶层设计，按照平急结合的原则，立足长远发展需要，认真研究应急物资需求，由上而下、由总到分、由内到外、由远及近地对应急供应链体系进行集成与分解。应急供应链集成化管理在实现内部业务流集成的基础上，尽可能地扩展到应急物资供应商和应急物资最终用户，将外部供应资源和应急物资最终用户有机集成，共享需求计划。

二、资源有效整合理念

资源有效整合主要分为应急供应链资源的外部整合和应急供应链资源的内部整合。通过整合应急采购力量，实现网络化、模块化应急采购保障力量编成。通过整合应急储备资源，实现应急储备资源互补、高效率的应急储备保障能力。通过整合运输力量，实现应急运力一体运用，应急运输保障协同顺畅，铁路、水路、公路、航空、管道运力有机衔接的应急运输应急保障能力。通过整合应急运输管控手段，实现铁路、水路、公路、航空应急运输统一管控。通过整合各种应急运输投送保障力量，实现固定、机动、支援等应急保障力量有机衔接。

三、信息互联互通理念

应急物资供求信息的高度共享是应急供应链顺畅运行的坚实基础，同时也是达到应急供应链整体目标最优的根本保证，以及构建应急保障部门和应急物资供应商之间战略合作伙伴关系的重要条件。在应急保障部门与各个应急物资供应商的战略合作中，应急保障部门需要了解应急物资供应商的资质能力、技术水平、经营规模、生产进度、产品质量、售后服务等各种基本信息，因此应急物资供应商的信息应尽可能客观透明。

由于应急物资需求的安全保密性要求，应急物资供应商不可能了解应急物资需求的具体细节，如需求计划、力量部署、配送网络、储备布局等，应急物资需求信息应经过必要的整合处理，通过安全保密的传输手段，实时适量地提交给应急物资供应商，对于应急物资供应商而言，应急物资需求信息虽不可能完全透明，但也应基本够用。

应急物资供求信息的获得需要应急供应链上业务、计划、采购、运输、储备、财务等部门的协同合作、信息互通，因此要加速应急供应链信息资源建设，联通各部门间的信息孤岛，推进应急供应链系统有效整合，逐步建立起一个信息能高度共享的应急供应链网络平台体系，全面提升我国应急供应链的整体应急保障能力。

四、应急需求至上理念

应急保障部门的集成化管理策略应以应急物资最终用户为中心，这也是集成化应急供应链的核心理念。应急供应链的形成、存在及重组均基于应急物资需求单位的最终需求。在其运作过程中，应急物资需求单位的需求是应急供应链中商流、物流、资金流、信息流、业务流运作的驱动源。

应急供应链集成化管理强调将应急保障部门以应急物资最终用户为中心进行整合，准确预测和及时掌握应急物资最终用户的潜在需求，在确保安全保密的前提下将有关信息提供给应急物资供应商，使其能在应急保障的基础上，提供更多力所能及的增值服务，从而满足应急物资最终用户的多样化和快速变化的需求，在正确的时间、正确的地点为应急物资需求单位提供正确的数量、正确的补给的高效应急保障。应急供应链确保为应急物资最终用户提供增值服务和合适产品，从而降低应急保障成本，提高应急保障效能。

五、反应实时迅捷理念

随着联合应急行动的进程加快、应急保障时效性的空前提升，为联合应急行动提供“血液”的联合应急保障行动也必须随之加以改进。对应急供应链而言，如果对应急物资需求单位的需求反应滞缓，不能在一个要求的期限内，将应急物资需求单位所需的应急物资送达目的地，将直接影响到联合应急行动力量的应急处置能力乃至整场联合应急行动的最终结果。应急供应链反应速度的提高能够起到乘数效应，应急保障对应急供应链的时效性要求必将越来越高，理想状态是能够实现按需精确“及时制供应”。

应急供应链中的各个应急保障环节必须协调一致地运作，信息流和物流必须快速而平滑地流动，以保证应急供应链能够高速运行。由于急时需求的高度不确定性以及需求的井喷式增长，要求应急供应链必须减少应急保障层次，简化应急保障程序，提高反应速度，具备高柔性的特点。一旦突发重大应急事件，应急供应链体系即可快速动员平时的应急物资供应商，针对应急物资需求单位的需求实现实时生产和实时供应。

六、战略合作共赢理念

各级应急保障决策部门之间应加强协调，相互充分配合，加大应急保障需求的透明度，以降低不必要的应急保障需求，提高应急经济效益。在应急内部供应链中实施集成战略和协调战略，通过消除各职能部门间的障碍，充分共享应急供应链信息，实现“透明化”应急供应链系统，从而降低应急保障成本，提高应急物资需求单位服务水平，追求最佳费效比。对于外部应急供应链而言，应急供应链战略合作伙伴关系可以理解为需求方与应急物资供应商之间，立足战略、面向长期、共享信息、共担风险、力求双赢的合约关系。这种战略合作关系形成的原因在于增强信息共享和业务交流，降低交易成本、提升应急物资储备水平，通过合作产生更大的应急保障效益。

应急供应链集成化管理要求把内部以及外部资源企业和应急物资最终用户看作一个整体，应急保障部门定位出其核心业务，随后就是把核心业务做好，并将外部的各种资源和应急物资最终用户有机集成起来，确保更快捷地提供应急保障，实现运作效率更高、总成本更低、应急物资最终用户更满意的目标。

第六节　应急供应链集成化管理的主要目标

就应急供应链集成化管理而言，其核心问题是要协调好应急供应链各成员单位之间的利益关系，公平合理地分配权益，使应急供应链上每个成员单位都各得其所、各得其利。应急供应链集成化管理的目标是从系统、整体的观点出发，寻求建立应急供应链上的应急物资供应商、第三方物流企业、应急保障部门、应急保障基地以及应急物资最终用户间的紧密协作关系，最大限度地减少内耗及浪费，谋求应急供应链整体效率的最优化。应急供应链集成化管理需在总周期最短化、总成本最小化、应急需求服务最优化、总储备适度化以及全寿命质量最优化等目标中寻求最佳均衡点，以实现应急供应链绩效的最大化。

一、总周期最短化

当今的市场竞争不再是单个企业之间的竞争，而是供应链与供应链之间的竞争。从某种意义上说，供应链之间的竞争实质上是基于时间的竞争。应急供应链与企业供应链相比，应急供应链对快速反应的要求更高，如何实现快速高效的应急物资需求单位反应，最大限度地缩短从应急物资需求单位提出需求、应急保障部门发出订单到获取满意交货的整个应急供应链的总周期已成为应急供应链顺畅运行的关键因素之一。应急供应链应是实时化的供应链。

二、总成本最小化

众所周知，研发成本、采购成本、制造成本、运输成本、库存成本、维护保养成本、配送成本以及应急供应链的其他成本费用都是相互关联的。因此，为了实现有效的应急供应链集成化管理，必须将应急供应链各成员单位作为一个有机整体来考虑，并使整个应急供应链的物流过程之间达到高度均衡。从这一意义出发，总成本最小化目标并不是指运输费用或库存成本，或其他任何应急供应链运作与集成化管理活动的成本最小，而是整个应急供应链运作与集成化管理的所有成本的总和最小化。

三、应急需求服务最优化

应急供应链集成化管理的本质在于为整个应急供应链的有效运作提供高水平的服务。由于服务水平与成本费用之间的背反关系，要建立一个效率高、效果好的应急供应链网络结构系统，就必须考虑总成本费用与应急物资需求单位服务水平的均衡。应急供应链集成化管理以应急物资最终用户为中心，应急物资最终用户满意度是应急供应链高质量运行的关键。因此，应急供应链集成化管理的主要目标就是要以最小化的总成本费用实现整个应急供应链应急需求服务的最优化。

四、总储备适度化

“零库存”是企业供应链的理想状态，但由于重大应急事件的突发性特点，平时必须拥有一定规模的应急储备，因此就应急储备而言，应实现应急供应链上总储备的适度规模。应急供应链总储备适度化目标的实现，不能仅控制单个成员单位的储备水平，而是必须实现对整个应急供应链的储备水平与储备变化的最优控制。

五、全寿命质量最优化

在市场经济条件下，企业产品质量的好坏直接关系到企业的成败。同样，应急供应链集成化管理下的应急保障质量的好坏直接关系到应急供应链的存亡。如果在所有业务过程完成以后，发现提供给应急物资最终用户的应急物资存在质量缺陷，就意味着所有成本的付出将不会得到任何价值补偿，应急供应链的所有业务活动都会变为非增值活动，从而导致无法实现整个应急供应链的价值。因此，达到并保持应急保障质量的高水平，是应急供应链集成化管理的重要目标。而这一目标的实现，必须从应急物资、装备零配件供应的零缺陷开始，直至应急供应链集成化管理全过程、全人员、全方位质量的最优化。

从传统的集成化管理思想来看，上述目标相互之间呈现出背反效应：应急物资需求单位服务水平的提高、总周期的缩短、交货质量的改善，必然以库存的增加、成本的上升为前提，而无法同时达到最优，应急供应链各目标间存在冲突。然而，通过运用应急供应链集成化管理思想，从系统的观点出发，改进应急物资需求单位服务、缩短周期、提高应急物资质量与削减库存、降低成本是可以兼得的，最终实现将应急物资需求单位所需的恰当的应急保障标的能够以恰当的价格，在恰当的时间，按照恰当的数量、恰当的质量和恰当的状态，送到恰当的地点。

第七节　应急供应链集成化管理的保障效应

应急供应链集成化管理的保障效应是指由于实施应急供应链集成化管理所引致的实际效果，主要包括规模保障效应、聚集保障效应、范围保障效应、速度保障效应和网络保障效应等。

一、规模保障效应

在经济学中，规模经济意味着固定成本可以分摊到较大的生产量（或采购量、供应量）时会产生的经济性，是指随着厂商生产规模（或采购规模、供应规模）的扩大，其产品的平均单位成本呈现下降趋势。规模经济效应是指在一定的技术水平、生产要素投入和价格水平情况下，因扩大或缩小生产规模（或采购规模、供应规模）所带来的平均成本的降低。规模经济效应反映了生产规模（或采购规模、供应规模）与长期平均成本之间的关系，以及与规模变化相对应的长期平均成本的变化。规模经济效应主要是由专业化分工、学习效应、大批量采购和集约化储备所决定的。

与此相类似，应急供应链系统的规模保障效应，是指用应急供应链集成化管理的思想和方法，将应急供应链的各成员单位有机集成，通过达到一定的集成规模，使得各子系统既能充分发挥其核心功能，又能使应急供应链上各集成子系统间实现最佳配置，而且应急供应链集成化管理又能实现各子系统间交易成本的降低和交易效率的提高，从而达到功能倍增的应急供应链整体规模保障效应。各子系统本身的规模保障效应基于基本子系统的不可分性。生产设备、技术力量、采购人员等资源要素并不随规模大小而同比变化。

应急供应链系统的最佳配置带来的规模保障效应，主要来源于各子系统有效集成所产生的保障效应，而作为应急供应链上的成员单位，各子系统必须按照一定的集成规则和方式进行集成，才能实现应急供应链的功能倍增。比如，研发经费的巨额投入，必须有大量的生产规模和采购规模与之相适应，才能降低单位应急物资的成本。而大规模采购量和储备量的倍增，并非与业务人员配置的倍增同步，这在某种程度上也可降低部分成本。

应急供应链集成化管理所带来的节约主要源于应急供应链集成化管理的有效性。应急供应链是一种高效的集成化组织形式，它将不同的子系统（应急物资供应商、第三方物流企业、战略级应急保障基地、战役级应急物流中心、战术级应急配送中心、应急保障部门）组成应急供应链集成化管理体系，不仅增强了应急供应链体系的整体功能，而且还使其涌现出新的衍生功能，从而实现其规模经济；同时，与应急供应链体系相适应的应急供应链集成化管理，有利于应急供应链上成员单位间的充分交流与相互了解，从而加强了相互合作程度。另外，应急供应链的高度集成产生的规模化采购和集约化储备也能够带来节约。

二、聚集保障效应

聚集本身就是集成的表现形式，应急供应链系统的聚集保障效应是指按应急供应链集成化管理的集成化思想，将应急供应链各成员单位聚集在一起，形成相互匹配、相互融合、相互支持的集成综合性，从而降低交易成本，提高应急供应链系统的综合效益和整体效率。聚集保障效应主要源自外部资源向应急供应链内部的聚集，以及应急供应链之间各部门、各层次人力、物力、财力及信息资源的聚集。

外部资源向应急供应链内部聚集的保障效应主要表现为市场交易内部化。将外部资源向应急供应链内部聚集会产生聚集保障效益。市场交易内部化可以降低资产专用性、需求不确定性、应急物资供应商数量多和交易频率高等所导致的高昂交易费用；同时，还可避免有限理性及机会主义行为。应急供应链战略联盟，是将外部资源向应急供应链内部聚集，从而产生聚集保障效应的典型。各种资源向应急供应链之间聚集的保障效应主要来源于在互惠互利、优势互补及竞合交融基础上形成的聚集与共生。其主要表现为：应急供应链各成员单位之间以互惠互利、竞合理念为基础建立的紧密协作关系，由于技术资源、人力资源、物力资源、财力资源、信息资源得以充分共享，从而形成整个应急供应链各成员单位的多赢格局。

应急供应链战略联盟是指应急保障部门与应急物资供应商之间为了共同目标，相互合作、共享收益、共担风险，形成一种优势互补、分工协作的松散型联合。其实质是应急保障部门与应急物资供应商之间的长期合约，联盟双方是长期战略合作伙伴关系。应急保障部门与应急物资供应商之间可通过实现资源共享和优势互补，有效抑制应急保障资源不合理浪费，从而提高应急保障资源配置效率，实现聚集保障效应。应急供应链联盟建立后，应进行应急保障部门与应急物资供应商的功能整合，应急保障部门某些非核心功能由于不断外包而逐渐退化，但应急供应链集成化管理的核心功能则应不断强化。随着应急供应链战略联盟合作关系的深化与发展，各方将会发生功能上的分化或特化。合作伙伴双方组成的应急供应链系统逐渐趋向一个功能复杂、分工明确的集成系统。双方都利用各自的核心功能和优势能力开展深度合作，应急保障水平得以迅速提升。应急供应链战略联盟的聚集保障效应表明：应急供应链战略合作伙伴各方是一种密切的利益共同体，任何一方的能力削弱，其他合作各方都将受到不利影响。

三、范围保障效应

经济学把对多种产品进行共同生产相对于单独生产的经济性，即一个厂商由于生产多种产品而对有关生产要素共同使用所产生的成本节约称为范围经济效应。就应急供应链集成化管理而言，范围保障效应是指当应急供应链成员单位进行综合化运作，如应急保障基地所储备的应急物资综合性较强，包括被装、给养、药品、应急装备零配件等，其内部再作专业化分工，科学整合应急保障资源，充分发挥综合应急保障效能，综合性和专业化有机结合，减少不必要的重复浪费。倘若多种应急物资进行统一集成化管理要比单类应急物资分散集成化管理能获得更大的整体收益，或者应急保障部门集中采购的应急物资品类也具有综合性，那么该应急供应链即可获得范围保障效益。

应急供应链系统的范围保障效应是应急供应链集成化管理集成的功能倍增性特征的突出表现。应急供应链集成化管理集成的功能倍增性则是以集成功能或综合效益来体现。简而言之，各子系统在有机集成后，形成的应急供应链整体功能不是各子系统分项功能的简单加和，而是大于各分项功能的简单加总，即实现“1+1>2”，总体应急保障效能得以提升。从应急供应链总成本的角度来看，应急供应链系统的范围保障效应又可作为应急供应链系统形成的充分条件。如果应急供应链系统形成所产生的成本耗费大于各子系统所产生的成本耗费总和，则应急供应链系统的形成也就失却了经济价值。

应急供应链系统的范围保障效应主要源自以下几方面：一是集成的协同，即各子系统在特定时空范围内按照某一约定的行为模式集合成有机整体过程中所产生的协同效果，比如，纵向一体化所带来的保障效应。二是各子系统功能有效匹配所带来的节约，由于应急供应链系统追求范围保障效应的重要条件必须是应急供应链各成员单位的各项业务之间存在着某种关联性，即需要共同利用某些资源（如信息技术、集成化管理方式、需求信息及供应网络等）。因此，将子系统之间进行有效整合，既充分发挥了各子系统的功能，又降低了应急供应链的整体运行成本。

四、速度保障效应

比尔·盖茨在《未来时速》中提出：“20 世纪 80 年代竞争靠质量，90 年代竞争靠流程优化，21 世纪竞争靠速度。”速度经济由美国哈佛大学教授钱德勒于 1977 年首次提出，原意是指现代运输技术和通信技术的重大突破，极大地加快了物资流通速度，使库存周转率提高，从而大幅降低生产成本和销售成本，获取源自速度的经济性。

在应急供应链集成化管理理论中，速度保障效应是指依靠加速应急物资交易过程而引致的应急供应链成本的节约，这里的“交易过程”是指从发现应急物资需求单位实际需求开始，直到将应急物资提供给应急物资需求单位为止的整个过程。

在应急供应链集成化管理理论中，速度保障效应明确表示为快速反应能力，即应急供应链在应急物资需求单位需求突变时，能否迅速作出快捷反应。应急供应链集成化管理以有效集成化管理动态的有序物流取代静态的库存应急物资，以物流速度取代应急物资数量，即以配送“管线”代替实体仓库。如果把应急供应链视为一个资源转换系统，则应急供应链的应急保障效率不仅来自资源转换的规模，而且取决于资源转换的速度以及加速交易过程而引致的成本节约。特别是随着应急物资寿命周期的缩短和应急物资需求变化的加快，以及市场容量的限制，应急供应链不仅依靠规模保障效应，而且依靠其速度保障效应构筑其整体优势。

从集成角度而言，速度保障效应是通过技术集成、功能集成、组织集成来实现的。

技术集成是指在应急供应链中，由于采用先进技术，使应急物资供应商在研发、制造等环节有机集成，极大地提高了应急供应链快速响应应急物资需求的应变能力，从而产生速度保障效应。

功能集成是指集计划编制、采购集成化管理、运输优化、库存控制、储备集成化管理、需求集成化管理、配送调控等多种功能于一体。应急供应链集成化管理将多种集成化管理功能与控制方法有机集成，不仅加快了应急供应链的有效运行，而且降低了应急供应链运行成本，实现了应急供应链的高效应急保障。

组织集成是为快速响应应急物资需求单位需求的实时变化而集研

发、制造、计划、采购、运输、仓储、配送等不同节点成员于一体的组织创新体系。它将应急供应链上的不同成员单位通过有效的组织集成方式，集成为共担风险、共享收益、优势互补的“虚拟组织”，以利于快速响应应急物资需求单位的实时需求。应急供应链上各成员单位的战略联盟，就是在较广泛的时空范围进行的组织集成。

五、网络保障效应

网络保障效应是指应急供应链上与所有成员单位相关的物流、信息流、资金流、商流以计算机为依托形成网络，以使所供应的应急物资具有伴生的信息价值；通过应急供应链各成员单位之间的计算机、通信手段的联结，使应急供应链总成本减少，并给聚合的应急供应链带来乘数效应。

在应急供应链体系中，网络既是实现集成的连接条件，同时又是实现数据交换、完成集成功能的载体。应急供应链网络的建立，既可以迅速反馈应急物资需求单位的需求信息，加快应急供应链的响应速度，又可以降低物流费用和交易费用，削减应急物资储备规模，充分发挥应急供应链体系的集成优势，通过网络将应急供应链体系中应急保障计划子系统、应急采购子系统、应急生产子系统、应急运输子系统、应急储备子系统、应急配送子系统等有机联结在一起，并且通过集成化管理提高应急供应链的总体应急保障效能。

应急供应链的网络保障效应源自两方面：一方面是应急供应链各环节形成的网络产生的提高交易效率和降低交易费用的保障效应；另一方面是国家应急供应链与企业应急供应链之间形成的业务往来网络所产生资源共享和优势互补的保障效应。应急供应链之间网络保障效应主要通过信息共享和人员交流相互作用，在应急供应链之间形成实质性融合，从而获得资源网络、关系网络和信息网络的附加价值。因此，能否取得附加价值，就成为决定应急供应链之间有效集成的一个重要因素。另外，应急供应链各成员单位之间的密切配合、亲密合作，形成了收缩自如、反应快捷的一体化应急保障网络，从而形成了应急供应链的整体优势，应急供应链上的每个成员单位都能从应急供应链其他成员单位的比较优势中获益。从聚集的观点来看，这种网络保障效应也是应急供应链各成员单位之间聚集保障效应的结果。

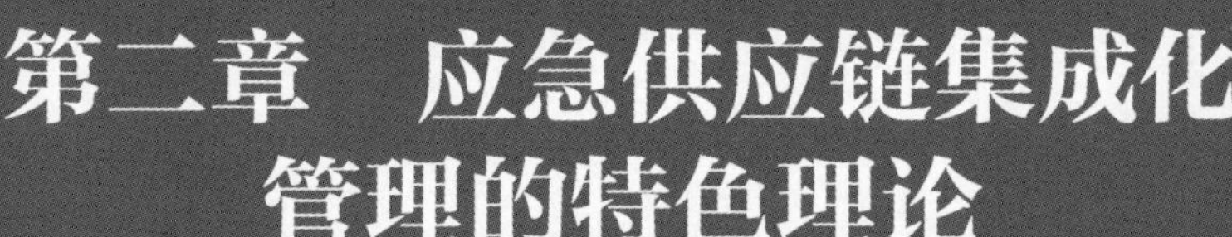

第二章　应急供应链集成化管理的特色理论

经过多年的创新发展，应急供应链理论已初步形成由基础理论和应用理论两大模块组成的理论体系，主要包括应急供应链体系理论、应急供应链活性理论、应急供应场理论、应急供应链军地深度融合理论、应急供应链接合部理论、应急供应链集成化管理理论等，为应急供应链建设发展实践提供了重要理论支持。本章选择应急特色鲜明、创新性、基础性、应用性强的几个理论进行介绍，重点介绍应急供应场理论、应急供应链接合部理论、应急供应链军地深度融合理论、应急供应链活性理论四个特色理论。

第一节　应急供应场理论

应急供应场理论从一个崭新的角度透析应急供应链体系的运行规律，其对于提高应急物资保障效率、减少应急供应链保障成本以及丰富应急供应链理论体系具有重要的现实意义和长远价值。比如，它为应急供应链体系的构建、应急供应链基地的选址和应急物资保障最佳路径的选择等问题提供了崭新的理论依据。

一、应急供应场的内涵

应急供应场理论是借鉴物理学中磁场、电场的理论和方法，从场的视角研究应急供应链保障活动及其规律而建立起来的一种新理论。

任何应急供应链保障活动总需要占用一定的时间、空间，以实现供应方向需求方的应急物资转移。从宏观角度分析，应急供应链保障活动所占用的这种时空域，可以抽象为一种特殊的场，我们称之为应急供应场。这是广义的应急供应场概念，它包括所有能够提供应急供应链保障活动的时空范围。狭义的应急供应场是指应急供应链基地所能够开展应急供应链保障活动的时空范围。应急供应场由两大基本要素构成，一是场空间域，即应急供应链基地能够组织应急供应链保障活动的空间范围；二是场时间域，即应急供应链基地能够组织应急供应链保障活动的时间限度。

应急供应场理论是用于考察研究应急供应链保障活动中能量转化规律，揭示应急供应链体系各要素之间关系及其内在机理的新理论，具有社会科学与自然科学交叉融合的鲜明特点。应急供应场理论从供需关系、时空关系角度揭示了应急供应链保障活动的基本规律，量化研究了特定时空范围内应急供应链基地的应急物资保障能力。

正确理解应急供应场概念，必须注意以下几点。

一是应急供应场是应急供应场源的一种本质属性，依赖于应急供应场源而存在，离开了应急供应场源，应急供应场就不复存在。

二是应急供应场空间域大小，不仅取决于应急供应场源的规模和实力，而且取决于应急供应场源周围道路、气候等条件。

三是应急供应场的时间域，不仅受应急供应场源所拥有的时间资源限制，而且受应急物资保障对象需求时间的限制。时间的变化将直接影响应急供应场的质量，随着现代信息技术的发展，时间在应急供应场中的价值越来越高。

四是开辟应急供应场的目的在于最大限度地满足应急物资需求方提出的应急物资转移时空需求。对供需双方而言，当时间域和空间域完全在应急物资需求方提出的时空需求范围之内，应急供应场才具有实际价值。时间域和空间域只要有一域超出应急物资需求方的需求范围，应急供应链保障活动就是失效的。在应急供应链领域内，应急供应链基地必须拥有快速保障能力，实践中应以适时、适地、适量、适用保障为基本原则。

二、应急供应场理论要点

（一）应急供应场势及其计量方法

应急供应场势是应急供应场的一个极其重要的准物理量，它既是衡量应急供应链基地供应能力的基本尺度，也是应急供应场理论的基本内容，合理确定应急供应场势概念及其计算方法十分必要。

1. 应急供应场势的定义

应急供应场源，如应急供应链基地，是应急供应链保障活动的源头。应急供应链基地接收适用的应急物资，应急物资储备量越来越大，如同水库蓄水，随着水位的不断上涨，其势能越来越大；应急供应链基地向应急物资需求方投送应急物资，应急物资储备量就越来越小，如同水库泄水，随着水位的不断降低，势能越来越小。应急供应链基地（应急物资储备仓库）等的一收一发，实现了应急供应链势能的转换。

约定在某个特定的应急供应场时间域内，该应急供应场源所能供应应急物资的能力，称为应急供应场的势能，简称场势。场势乃是一个准物理量，其与物理场中的势能的概念既有相通之处，也有明显的区别，是应急供应场供应能力的综合反映。应急供应场势是一种相对于特定时间域而言的准物理量，时间域发生变化，则场势随之改变。比如，应急供应场势相对于一日的时间段是某个数量值，而相对于数日而言又是另外一个数量值。另外，应急供应场势具有方向性，在特定应急供应场内，不同方向（不同应急供应链保障线路上）的场势不同。同时向场内多方向定点供应应急物资，场势将发生重大变化。应急供应场势与应急供应链方式紧密相关，改变应急供应链运作方式，必将起到增减势能的作用。

2. 应急供应场势的计量方法

依据场势基本概念，可推导出应急供应场势的计量公式。

$$E = M \times S$$

其中，E 为应急供应场势，单位为吨 · 公里；M 为单位时间应急供应链作业量，单位为吨；S 为单位时间将 M 应急物资输送的距离，单位为公里。由于应急供应链作业方式不同，其场势变化规律也不一样，故需分清各种应急供应链作业，研究和推导场势变化规律和计量公式。

3. 增强应急供应场势的途径

通过对应急供应场势的研究，可以清晰看到：应急供应链基地所拥有的场势是一种极其宝贵的资源，场势越强，应急物资供应能力越强；保持丰富的场势，对于完成应急供应链任务具有重要价值。增强场势的基本途径包括：合理规划应急供应链基地的建设，全面提高应急供应链基地的储备能力；坚持以科技兴库为主的途径；搞好应急供应链基地运输系统的建设，全面提高运输能力；加强应急供应场内的信息系统建设，提高应急供应链信息传入速度，从根本上增强应急供应场势。

（二）应急供应场强及其计量方法

应急供应场强是应急供应场的另一个准物理量，它表示应急供应链基地（仓库）对应急供应场内各需求点（用户）的供应能力，综合反映了需求点得以满足的应急物资供应量，是应急供应链目标的集中体现。

1. 应急供应场强的定义

在某个特定的应急供应场内，各个应急物资需求点所获得的应急物资量不一样。在一定时间内，一些应急物资需求点获得的应急物资量大，另一些应急物资需求点获得的应急物资量小。为此，需要定义一个描述应急供应场内各个需求点获得应急物资供应量能力强弱的物理量（准物理量）。

应急供应场强是指应急供应场源在其产生的应急供应场范围内，对其中某一需求点所能够供应应急物资的能力，即该点的应急供应场强度，简称该点场强。

位于应急供应场内的各需求点（用户），对应急物资的需求量是不一样的。为了统一规范应急供应场强的概念，将需求点所需求的场强，称为需求场强；应急供应链基地所产生的场强，称为供应场强。

理解把握应急供应场强的概念，应着重注意以下几点。

一是应急供应场强的变化，是一种典型的准物理现象。与普通物理学中的电磁场强度既有相似之处，又有明显的区别，不能简单套用电磁场强的公式。

二是应急供应场强的分布在应急供应场内是不均匀的。强弱不仅受应急供应链基地的制约，而且受到场内各种自然环境的限制和影响。同等规模的应急供应链基地，所处地理环境不同时，其应急供应场强也不相同。

三是应急供应场强受时间的制约。倘若需求场强与供应场强未落入同一个时间域内，该时间域内不能发生应急供应链保障活动，场强也就失去了意义，此时应急供应场的场强视为零。

2. 应急供应场强的计量方法

从本质意义上讲，某需求点（应急物资保障对象）的场强表示该需求点（应急物资保障对象）的应急物资消耗强度，即单位时间内（日）平均消耗的应急物资量；而某应急供应链基地发出的场强，表示该应急供应链基地向某需求点实施应急物资保障的强度，即单位时间内（日）平均向该点供应的应急物资量。

通过上面的分析，我们很容易找出需求场强的计算方法。假定某应急供应场内的某应急物资需求点（应急物资保障对象）在 T 日内共消耗应急物资 M 吨，那么该点（应急物资保障对象）的需求场强可以用下式加以计量。

$$\phi_{需}=M/T$$

其中，$\phi_{需}$ 表示需求场强，单位为吨/日；M 表示 T 时间段（日）内总消耗应急物资的量，单位为吨；T 表示时间区段，单位为日。

从应急供应链基地供应场强分析，可作如下考虑：某应急供应链基地在 t 日内共向某用户发出应急物资 M'吨，那么该应急供应链基地的供应场强 $\phi_{供}$，可用下式计算。

$$\phi_{供}=M'/t$$

其中，$\phi_{供}$ 表示供应场强，单位为吨/日；M'表示 t 时间段（日）共发运的应急物资数量，单位为吨；t 表示时间区段，单位为日。

根据场势的定义，我们还可以推导出场强计量方法。假设某应急供应场内某需求点距离应急供应链基地（仓库）为 S 公里，而该应急供应链基地（仓库）的场势为 E，那么场内该点的应急供应链强度 ϕ 可用下式计算。

$$\phi = E/S$$

其中，ϕ 为应急供应场强，单位为吨/日；E 为应急供应场势，单位吨·公里/日；S 为应急供应场内某需求点距应急供应链基地的距离，单位为公里。

（三）应急供应场阻理论

应急供应链保障效率受诸多因素的制约，如人员的业务素质较低会影响应急供应链装备功能正常发挥；又如组织协调不好导致应急供应链保障活动流程不畅，天气恶劣导致应急保障车辆行驶速度缓慢等，都严重影响应急供应链保障活动的效率，降低应急供应链基地对应急物资保障对象的应急供应链保障能力。

1. 应急供应场阻的定义

应急供应场阻是指应急供应场内阻碍应急供应链保障活动、影响应急供应链强度的各类因素。形成应急供应场阻的因素主要包括应急供应场内的环境条件、运输道路状况、司机和应急供应链管理人员的素质及技术水平等。

由于应急供应场阻的影响，应急供应链保障活动速度减慢、效率降低，对应急物资保障对象的应急供应链保障能力减弱。从应急供应场理论角度看，由于场阻的存在，应急供应场强减小，应急供应链效率降低。这种不良影响作用称为应急供应场阻效应。

2. 应急供应场阻的有关计量

由于场阻的存在，应急供应场强减小，必须对应急供应场强进行修正。为此，引入场阻系数 K（$0 \leqslant K \leqslant 1$），用于描述场阻对应急供应场强的影响程度。设理想条件下，某应急供应场的场势为 E，场强为 $\phi_0 = E/S$。由于场阻的存在与影响，应急供应场强衰减为：

$$\phi = K\phi_0 = K \cdot (E/S)$$

3. 减少应急供应场阻效应的基本思路

应急供应场阻效应严重影响应急供应链保障活动的效率，消除或减少应急供应场阻效应的影响，对提高应急供应链保障能力、改善应急供应链保障质量具有重要意义。减少应急供应场阻效应，着重从以下几个方面入手。

（1）搞好应急供应链体系设计。从宏观上设置好应急供应链基地的空间域，增强各应急供应链基地的场势，有效利用应急供应链资源，避免场强的多余、叠加。对于应急供应链基地的周围地理环境要进行认真勘察，最大限度地减少场阻。

（2）加强应急供应链基地的硬件建设。尤其要对应急供应链基地的应急物资吞吐能力等进行系统分析，合理配置各类应急供应链装备，科学设计应急供应链保障活动程序和运作规范，使应急供应链体系运作整体协调、一体联动，减少运作环节的内耗和各环节之间的摩擦，提高运作效能。

（3）改善应急供应链通道及环境条件。运输方式及供应通道一旦确定，就要及时分析并了解通道及周围自然环境条件。加强应急供应链通道的维护保养，建立必要的控制措施和安检设施；加强对气候变化规律的研究，做好天气预报预警工作，在时间域允许范围内选择良好天气实施应急物资保障，以增强应急供应链的场强。

（4）强化对应急供应链保障人员的培养和训练，提高应急供应链保障人员的理论水平和实践能力。

（5）加强对应急供应场理论的开发与应用研究。与应急供应链实践紧密结合，以实践问题为出发点，深化应急供应场理论研究，建立科学的应急供应链理论，为应急供应链实践提供科学的理论指导，解决实践中遇到的难题。

应急供应场阻效应是客观的，但由于认识的有限性，尚未找到应急供应场阻系数与各种形成场阻效应要素之间的数量关系，只能依靠专家评分的方法确定应急供应场阻系数。受主观因素影响，不同专家评估差别可能较大。这说明我们对应急供应场阻效应的认识还处于经验认识的阶段，尚待有志于应急供应场基础理论研究的专家学者深入研究，寻找应急供应场阻系数与各种场阻效应形成因素之间的数量关系，使应急供应场阻效应的认知由经验认识升华到科学认识的高度。

三、应急供应场理论的应用与发展

应急供应场理论能够解决许多应急供应链领域中的现实问题，具有广阔的应用前景。自应急供应场理论创建以来，应急供应链界十分重视它的综合应用，并已经取得了令人鼓舞的应用成果；同时在实践中，该理论也得到了不断发展。

应急供应场理论已经在库址选择、应急物资调运、最优路径选择等方面发挥了重要的作用。随着应急供应场理论的进一步丰富完善，其应用领域必将得到进一步拓展。其应用价值集中体现在以下几点。

（一）制定应急供应链建设发展规划

制定应急供应链建设发展规划是应急供应链体系建设的重要任务。盲目建设与发展，势必会给应急供应链建设事业造成危害，因此，各级应急供应链相关机构都十分重视这项根本性的工作。制定应急供应链建设发展规划，离不开对应急供应链基地规模的总体设计，少不了对应急供应链网点布局进行优化组合。这些重大现实课题的解决，都需要应急供应场理论的支持与指导。

（二）指导应急供应链有效调控

应急供应链调控的核心内容是调控流量和流向。如何选择最佳应急供应链线路、怎样确定多种应急保障方式的最佳组合、如何计算应急供应链保障活动的安全流量以及上下波动范围、在何时改变应急物资流量效果最佳以及怎样确定应急供应链基地的规模等，以上问题都需要应急供应链集成化管理人员应用应急供应场理论加以解决。应急供应场理论对应急供应链能量守恒和熵的论述与总结，以及对应急供应场基本状态的描述，为解决应急供应链调控总量问题奠定了理论基础。

（三）指导应急供应链基地部署

应急物资保障对象消耗应急物资时都要向应急供应链基地（应急物资储备仓库）提出一定的场势要求，只有当应急供应链基地（应急物资储备仓库）相对于各应急物资保障对象的场势足够大时，才能实现高效、实时、数准、质优的应急供应链目标，圆满完成应急物资保障任务。这表明，在部署应急供应链基地时，要考察应急物资保障对象是否在应急供应链基地（应急物资储备仓库）形成的应急供应场的辐射范围之内，否则难以完成应急物资保障任务；同时在考察本级应急供应链基地（应急物资储备仓库）布局时，还应对其应急供应场势进行分析，从中选出最佳网点。通过场势计算，预测应急供应链基地（应急物资储备仓库）的有效供应保障范围。对于已经建好的应急供应链基地（应急物资储备仓库），可以较准确地计算出它的场势，再依据场势，便可预测出它对周边地区有效保障范围。这对于合理布置应急物资保障对象（需求点）具有重要价值。利用应急供应场阻理论，可以消减应急供应场阻效应，增强应急供应场强，从而提高应急供应链保障能力。

（四）指导设计应急供应链网络

应急供应链的两大特点就是信息化和网络化。应急供应链网络主要由供应网络、配送网络和信息网络构成。从交通运输场、能量场和信息场的角度出发，在应急供应场理论的基础上，结合定性分析，以定量分析为主，正确把握应急供应链的需求状况及发展趋势，设计更加合理的应急供应链网络。

应急供应场理论研究的目的是揭示应急供应链保障活动中能量转化规律，透析应急供应链保障能力变化的内在机理，系统探索、合理开发利用应急供应链资源的运作方法，为优化应急物资储备、合理调控应急供应链布局奠定理论基础。创新发展应急供应场理论的主要着力点有：静态应急供应场与动态应急供应场的界定及其各类特性指标计算；应急供应链动量守恒定律、应急供应链矢量原理；信息化、智能化条件下应急供应场强、场势、场阻变化规律；高新技术与应急供应场的关系，如何运用物联网、云计算等高新技术提升应急供应链基地（应急物资储备仓库）供应场强；应急供应场理论的拓展应用问题。

第二节　应急供应链接合部理论

1983 年全军仓库工作会议提出了加强仓库战备工作，研究仓库的平转战问题，全军仓库主任都积极参与了这个大讨论，提出了一些改革主张。针对这些问题，王宗喜教授提出了仓储接合部理论。后来结合应急供应链学科理论的建设发展，王宗喜教授进一步提出了应急供应链接合部理论。

一、应急供应链接合部的概念

由一事件转变为另一事件，或者两种事物两个单位为共同目标相互结合的过程中，都会出现一个过渡阶段或连接部分，这种过渡阶段或连接部分就是接合部。如在联合应急行动中，友邻应急保障力量共同担负应急物资保障任务，在应急物资保障的任务分界线处就出现了接合部。在应急供应链领域内，凡是两个或两个以上的单位或部门联合完成应急供应链保障任务，或者当一个应急供应链事件向另一个应急供应链事件转变时，中间所出现的连接部分或过渡区段就叫作应急供应链接合部。

正确理解应急供应链接合部的概念，必须把握以下几点。

一是应急供应链接合部具有特殊性。通常而言，应急供应链接合部是各类应急供应链事件或应急供应链单位的交叉部分，拥有与一般应急供应链事件或应急供应链单位所不同的特殊运行规律和管理要求，但通常是相关事件或单位的瓶颈部分或管理弱项，应加以重点关注。

二是应急供应链接合部具有广泛性。在应急供应链领域，接合部现象广泛存在，形态多样。应急供应链接合部不仅包括应急供应链事件的接合部，而且包括应急供应链应急物资保障力量的接合部、应急供应链运作环节的接合部等。

三是应急供应链接合部具有重要性。应急供应链保障活动中存在着各种各样的接合部，而各类接合部在应急供应链体系中都处于承上启下、关联左右的关键部位上，并发挥着重要作用。应急供应链接合部的运作质量直接影响整个应急供应链体系的保障效果。

二、应急供应链接合部理论要点

（一）应急供应链接合部类型区分理论

应急供应链保障活动中涌现出来的接合部，形形色色、大大小小，千姿百态。其类型大致可作以下区分。

1. 依照时间区分

当两种或两种以上的应急供应链力量相互联合、共同完成某项任务时，中间同时出现的这类接合部，称为横向接合部。

当一类应急供应链事件向另一类应急供应链事件转换时，中间形成了一段过渡区，这种接合部称为纵向接合部。

一般而言，横向接合部的连接较脆弱，而纵向接合部的连接则相对紧密些。例如某应急物资储备仓库为了完成一次大型应急收发任务，保管队要与运输分队、包装分队、维护保养分队、机械作业分队协同作业、相互配合，共同将应急物资收进来或发出去，这就形成一种典型的横向接合部。组织协调不好，接合部就会出现断裂现象，直接影响应急物资收发质量。应急供应链平时转急时工作，则形成一种纵向接合部，应急供应链相关单位由平时工作状态转向应急工作状态：状态转变，各种工作秩序和业务流程都应作出相应变更，只要应急供应链领导者善于捕捉时机，及时引导大家转变工作方式，其连续性就会很强。

2. 依照构成元素区分

凡是由两种事物构成的接合部，称为二元接合部。例如，应急物资储备部门和应急物资运输部门协作，共同完成某项应急物资运输任务，中间形成的接合部便是二元接合部。二元接合部元素少，协调起来就较为简便。

由三种或三种以上事物所形成的接合部，称为多元接合部。例如，应急供应链有关部门共同推行目标管理制度，共同商定实施计划，就出现了多元接合部。这类接合部涉及的部门或单位较多，横向协调较为复杂。

3. 依照规模区分

工作范围广、内容丰富、延续时间较长的接合部称为大型接合部；反之，工作内容简单、涉及范围狭窄、延续时间较短的接合部称为小型接合部。

除上述几种分类方法外，还可依据接合部的结构形态区分为矩形接合部、网状接合部；依据接合部的归属，区分为上级接合部、本级接合部、下级接合部；等等。应急供应链集成化管理人员应针对不同接合部的特点，谋划不同的治理方略。

（二）应急供应链接合部特性理论

接合部相对于应急供应链体系的其他部分，有其自身特性，主要体现在以下几点。

1. 所处位置的关键性

接合部具有承上启下的作用，一种应急供应链保障活动向另一种应急供应链保障活动转换时，必然存在一个接合部。应急供应链体系能否顺畅运行，关键在于应急供应链保障流程各要素之间的衔接是否紧密。

2. 相互连接的脆弱性

应急供应链体系的各个功能要素都可以独立成一个系统，但各要素之间接合部的某些工作，由于权责不分明、管理不健全而容易出现多头管理或者无人问津的混乱无序的局面，因此接合部相对要素内部连接更脆弱，容易出现这样或那样的问题，从而影响应急供应链体系的正常运行。比如，就运输作业环节而言，在陆路运输、水路运输、航空运输进行相互转换时，必须有站台、码头等设施和各种吊装设备的协助才能顺利完成转换。又如，运输和仓储作业环节之间也需密切协同，力求无缝连接。应急物资出库进行装载或从运输工具上卸下入库存放，都需要相关应急供应链设施设备的支持。对于接合部应急供应链设施设备的配置，必须从功能结构、规模数量、配套耐用等方面进行深入细致的研究，切实实现应急供应链运行过程中各部分的紧密衔接。

3. 内部成分的多元性

应急供应链接合部所处位置不仅关键，而且特殊。由于其具有承上启下的作用，所以不同应急供应链组织机构、不同功能的应急供应链要素需通过接合部实现管理或功能方面的转换，于是形成了应急供应链接合部内部成分的多元性。

4. 组织协调的复杂性

将不同功能、不同结构，乃至不同系统的部分接合在一起，需要科学、有效的指挥手段和信息系统的支持。接合部内部成分的多元性，使接合部的组织协调工作更为复杂。例如，军地应急供应链体系中，军、地两方在管理机构、信息系统接口、设施设备配套、规章制度等诸多方面都有所不同，实施军地应急供应链联合保障时，会遇到许多问题，使组织协调工作更加困难。对于接合部的组织协调问题必须给予充分关注，以提升应急供应链体系的工作效率和保障能力。

（三）应急供应链接合部接合键理论

应急供应链接合部是依靠接合键连接的。通常而言，有以下四种类型的接合键。

一是目标接合键。两个应急供应链单位并肩完成某项应急供应链任务时，由统一的目标产生的一种合作力，称为目标接合键。目标越一致、越明确，则这种合作力越大，也就是说目标接合键越牢固。目标接合键是建立紧密关系的思想基础，能够产生强大的驱动力。优化目标，尽量使共同奋斗的目标科学合理，使接合部成员单位都认识到这种统一的目标，都主动为这共同的目标奋斗。

二是利益接合键。因共同的利益而形成的一种合作力，称为利益接合键。利益接合键是稳固关系的重要物质基础，能够产生强大的凝聚力。倘若利益分配不公会造成一种瓦解力，可能导致利益接合键的断裂。要坚持公平合理的利益分配制度，使接合部成员感到公平公正，共同强化并巩固利益接合键。

三是心理接合键。由接合部人员心理相容度形成的一种团结力，称为心理接合键。心理接合键是滋养关系的软环境基础，能够产生强大的感召力。应加强接合部成员之间的沟通，强化其心理相容度，拉近他们的心理距离，促使心理接合键强大起来。

四是感情接合键。长期在一起工作，产生了感情和友谊，而由此生成的一种团结力，称为感情接合键。感情接合键是维系关系的情感基础，能够产生强大的黏合力。应不断培育接合部成员的友谊和情感，促使心理接合键和感情接合键都强大起来。

三、应急供应链接合部理论的实践应用

接合部的种种特性决定了其在应急供应链体系中的重要地位，主要应注重以下几方面工作。

（一）指导应急供应链接合部权责划分

应急供应链接合部之所以有时会出现混乱甚至失控现象，主要是因为应急供应链各相关部门和单位在接合部工作的权责不够分明。要解决此问题，一是制定合理的法规，清晰界定权责范围；二是对于不便制定规章进行规范的接合部，应及时协商各方，达成权责方面的共识；三是运用多种方式合理确定各部门具有的权利和应尽的义务。例

如要加强军地应急供应链接合部建设，就要通过各种活动增进军地应急供应链集成化管理人员的相互了解。一方面组织各种形式的互访，定期进行军地联合应急供应链保障的演练；另一方面通过建立健全法规制度，明确军地应急供应链日常合作过程中的业务行为，诸如协作形式、价格高低、业务范围，以及联合演练或战争时期对于参与应急供应链保障的地方应急供应链企业相关的约束和补偿办法，包括战争动员、应急保障、战后处理等诸多方面和细节。

（二）指导应急供应链设施设备的连接建设

要树立系统优化的思想，应急供应链接合部的各项工作最终要依靠各类应急供应链设施设备的共同协作才能落在实处。应急供应链设施设备的连接问题直接影响应急供应链接合部工作效率的高低。例如，新设备与老旧设备的衔接；不同应急供应链作业环节设施设备之间的衔接；同一种应急供应链作业各种设施设备的配合；应急供应链体系与其他系统设施设备的衔接等。做好这方面工作是保证应急供应链体系顺畅运行的关键一步。在应急供应链体系运行过程中，必须注重应急供应链设施设备相关接合部的建设，了解各类应急物资与应急供应链有关的技术性能指标，开发、研制通用的应急供应链设施设备并做好特种应急供应链设施设备的衔接工作，实现应急供应链设施设备的专业化和系统化。

（三）指导应急供应链协同训练

鉴于应急供应链接合部组织指挥的复杂性，必须进行定期演习演练。通过演习演练，一是使应急供应链接合部涉及的各级机构相关人员熟悉组织指挥程序，避免“用兵”时的忙乱；二是及时发现接合部或是系统各组成要素内部存在的不足，为改进应急供应链体系提供宝贵的第一手资料；三是加深不同应急供应链机构或部门人员之间的友谊和认同感，增强应急供应链集成化管理人员的凝聚力和战斗力。应急供应链保障必须打破军地、部门界限，统一实施；应将计划与供应紧密衔接起来，需求单位在将应急物资需求计划上报总部的同时抄报供应单位，加强供需双方的及时沟通，使应急供应链体系的工作变被动为主动。

（四）指导军地应急供应链资源共享

加强军地应急供应链接合部管理，建立快捷的军地应急供应链资源共享通道。在构建应急供应链信息交换平台的基础上明确、优化军地应急供应链资源共享程序，并根据应急物资需求设立专门的应急供应链资源调配机构，主要负责应急供应链保障过程中的调度和匹配，提供一个快速的应急物资需求和供给的反应渠道。

第三节　应急供应链军地深度融合理论

王宗喜教授倡导应急供应链军地深度融合，把应急供应链军地融合发展推进到了一个新的阶段。应急供应链军地深度融合已经成为当今世界应急供应链发展的一个主要趋势，研究并实践应急供应链军地深度融合理论是应急供应链体系建设的必然要求。应急供应链军地深度融合理论的建立，对于深化应急供应链体系改革、推进应急供应链军地融合发展具有重要价值。

一、应急供应链军地深度融合的内涵

明确应急供应链军地深度融合概念，深刻理解它的基本含义，对于深化研究军地应急供应链融合发展，乃至推进应急供应链军地深度融合建设，都具有重要价值。

应急供应链军地深度融合是指在系统集成思想的指导下，通过对军队应急供应链体系与地方应急供应链体系可兼容资源的整合与集成，实现军地应急供应链全要素、多领域、高效益的融合。通过应急供应链军地深度融合，可以将军队应急供应链体系与地方应急供应链体系融合为一个层次更深、范围更广、功能更强的有机系统。应急供应链军地深度融合、互促共赢、协同发展是应急供应链集成化发展的必由之路。平时，军地应急供应链体系相互支援、相互促进、互利共赢，有利于提高军队应急供应链的经济效益，促进国家经济的发展。联合应急行动期间，由于对应急供应链保障的依赖性强、要求高，呈现出任务重、时间紧、财力耗费大等特点，只靠军队应急供应链力量很难完成保障任务，需要实现军地两大应急供应链体系深度融合，统一规划、统筹安排，共同保障应急物资的供应。

正确理解应急供应链军地深度融合的概念，必须把握以下几点。

一是应急供应链军地深度融合具有系统性。应急供应链军地深度融合并不是指对军队应急供应链和地方应急供应链这两个相对独立的体系进行简单的联合，而是应用系统工程的思想，从国家全局利益出发，对这两个体系进行整体筹划、统一建设，使其高度融合、协调发展，最大限度地发挥军地应急供应链资源的效益，促进国家经济发展和国防现代化建设。应急供应链军地深度融合发展是层次更高、范围更广、程度更深的发展，其生命力在于互促共进、互利共赢。

二是应急供应链军地深度融合具有相对性。应急供应链军地深度融合并不是对两个体系的全部内容进行无限制、无选择的整合和改造，而是针对军队应急供应链体系与地方应急供应链体系的可兼容部分进行合理的调整与组合。军队应急供应链体系因其担负任务的特殊性，必须根据实际需要，在某些方面保留一定的独立部分。

三是应急供应链军地深度融合是一个发展过程。其中包含两层含义：第一，应急供应链军地深度融合是一个长期的过程，要经历不同的历史阶段，不同阶段具有不同的表现形式；第二，对应急供应链军地深度融合的认识会随着时代的发展而不断发展变化。

四是应急供应链军地深度融合既具有必然性，又具有可行性。军地应急供应链终极目标的一致性，决定了应急供应链军地深度融合发展的必然性。为人民保障的共同宗旨，奠定了军队应急供应链与地方应急供应链合作发展的坚实基础。军地应急供应链在应急供应链设施设备、技术方法以及流程作业等方面有着相同或相近的特性，这使两者合作发展具备可行性。通过提高军地应急供应链设施设备的通用性，可以实现应急供应链资源的整体优化和军地应急供应链功能的整合；通过建立军地应急供应链人才互动机制，在一定制度下人才的自由流动，可以实现军地双方共享人才资源。

应急供应链军地深度融合是一种思想与观念的革命，是一种制度与规范的创新。它将有效打破军地应急供应链体系的二元结构，消除军地应急供应链体系之间的人为分割，达到军地结合、兵民结合，寓军于民、以民促军，协调发展的目的。

应急供应链军地深度融合充分体现了当今世界经济和应急协调发展的思想，集中反映了应急供应链“优化整合”的核心理念。应急供应链军地深度融合能相对达到总体功能大于各分系统功能之和的目的，从而能够最大限度地满足国民经济发展和国防建设对应急供应链保障的要求。

二、应急供应链军地深度融合理论要点

（一）关于应急供应链军地深度融合目标

应急供应链军地深度融合发展的总体目标是要构建全要素、多领域、高效益的应急供应链军地深度融合发展格局。这是应急供应链在战争形态信息化、技术形态军民通用化、经济形态市场化条件下建设发展的必然趋势。

应急供应链军地深度融合的全要素主要体现在应急供应链军地深度融合可在最大范围内实现各种应急供应链资源要素的优化配置。通过系统优化和要素集成，实现经济社会领域和国防领域技术、人才、资金、应急物资、设备、设施、信息等要素交流融合，提高应急供应链资源共享程度和使用效率。

应急供应链军地深度融合的多领域主要体现在军地各领域最大限度地配置和运用各种应急供应链资源。要充分发挥市场在资源配置中的基础性作用和政府宏观调控作用，引导军地各方从自我封闭、自成体系、自我保障的思维定式中跳出来，推进军地应急供应链资源优势互补、融合发展。要把应急供应链建设需求与地方交通运输、通信网络、能源供应、基础设施建设等结合起来，不断扩大应急供应链建设

与社会应急供应链资源的结合面和融合度，最大限度地提高应急供应链资源整合利用率，实现应急效益、经济效益和社会效益共同增长。

应急供应链军地深度融合的高效益主要体现在军队应急供应链与地方应急供应链深度融合的实际成效上。一是体现在提高联合应急行动应急供应链保障能力上，要满足联合应急行动应急物资保障需求。二是体现在遂行联合应急行动应急物资保障任务上。要把遂行联合应急行动应急供应链保障能力作为军地结合的重点，充分发挥地方预备役人员组织得力、集结快速、突击力强的优势，扎实抓好抢险救灾、维稳处突等急难险重任务应急供应链能力建设，努力实现社会效益、经济效益和应急效益的有机统一。三是体现在支援地方经济社会建设上。推动应急供应链军地深度融合发展，要始终发扬拥政爱民、双拥共建的优良传统，积极为地方经济社会发展作贡献。

（二）关于应急供应链军地深度融合的重点内容

应急供应链军地深度融合主要包括以下几点重要内容。

一是军地统一的技术标准。应急供应链技术标准的统一是应急供应链军地深度融合的关键，它将打破长期以来军地应急供应链在一些方面形成的应急供应链技术体制的二元结构，实现军地应急供应链技术标准的相对统一，从根本上扫除军地应急供应链无缝衔接的技术障碍，达到各种应急供应链要素在平时的协调运转、应急的快速转换。应急供应链技术标准统一主要包括应急供应链基础设施、设备、信息及作业等技术标准的一体化。

二是协调一致的运营规范。协调一致的运营规范是指在深度融合的应急供应链体系中，军地双方遵守共同的规范。依据相同的规范进行具体的运营组织和管理，能够高效完成各种应急供应链业务，降低应急供应链作业成本和损失，提高应急供应链作业质量和应急供应链体系的运营效益。运营规范要有一致的运营规律、相同的运作规范和法定的平战转换程序等特征。

三是规范合理的评价体系。规范合理的应急供应链评价体系，是指在一体化应急供应链体系中，对军地一体的应急供应链任务，军队和地方作为平等的主体适用一体化的评价体系。具体来讲，它主要表现在三个方面：应急供应链保障补偿标准规范合理、应急供应链保障质量体系一致及应急供应链效益评价体系一致。

四是军地协同的管控体系。集中统一的应急供应链管控体系在军地应急供应链系统的正常运转中发挥着极其重要的作用。在平时，这一体系可以协调军队和地方应急供应链体系的运营，强化应急供应链管理，提高军地应急供应链的建设水平；在联合应急行动中，这一体系可以实施快速应急供应链动员，加快平转急速度。具体包括以下几个特征：人员构成军地一体、组织结构层次合理和职责分明、权限严格。

五是军地通用的法律、法规体系。科学完备的法律、法规体系是应急供应链军地深度融合的重要组成部分，是应急供应链军地深度融合的重要标志，是应急供应链军地深度融合顺利高效运转、长期稳定发展的法律保障，是维护军地双方利益、监督双方履行职责的有效工具。完备的应急供应链军地深度融合法律、法规体系包括两个层次：母法——关于应急供应链军地深度融合根本性大政方针的法律规定；子法——具体指导应急供应链军地深度融合建设的法规，包括平时法规和应急法规两部分。

（三）关于军地应急供应链资源统筹方法

应急供应链资源是支撑应急供应链保障活动、完成应急供应链各项作业所需要的一切有形和无形资源的总和。有形资源包括人力资源、物力资源和财力资源。无形资源包括时空资源、信息资源和关系资源。有形资源和无形资源相辅相成、相互转化。应急供应链目标的复合性和资源的有限性决定了统筹的必要性，应急供应链资源的关联性和关系的可控性又决定了统筹的可行性。应急供应链关系资源关联其他五大资源，是应急供应链资源统筹实现综合集成的重要抓手。当前分散多头的资源管理体制与综合集成的应急供应链核心思想之间产生了剧烈的冲突，对此必须使用资源统筹手段加以解决。

推进应急供应链军地深度融合，关键是统筹设计、科学指导。随着我国应急供应链军地深度融合发展进程的不断加快，需要立足长远、从战略层面出台创新举措，以科学的规划引领应急供应链军地深度融合发展之路。要从国家发展的总体战略出发，通过科学的发展规划，把应急供应链军地深度融合发展目标融入应急供应链现代化建设的战略全局之中，使应急供应链军地深度融合发展进程与应急供应链现代化进程相一致，确保应急供应链军地深度融合发展在应急供应链现代化建设中获得更加深厚的物质支撑，确保应急供应链现代化建设从应急供应链军地深度融合发展中获得更加有力的支持。

（四）关于应急供应链军地深度融合体制机制

推进应急供应链军地深度融合，必须推进应急供应链军地协同运作，其核心是建立健全体制机制。体制机制建设带有根本性和长远性，是深化应急供应链军地深度融合的支点。应急供应链军地深度融合能否健康持续发展，关键要看能否形成适合国情的应急供应链军地深度融合保障模式和运行机制。应急供应链军地深度融合机制是由一系列有机联系的机制组成的一个大系统，主要包括法规标准机制、组织领导机制、工作推进机制、绩效评估机制和奖惩激励机制。一是健全法规标准机制。推进应急供应链军地深度融合发展，离不开法规标准这个坚强后盾。要积极协调地方党委政府，紧密结合本地实际，围绕应急供应链军地深度融合的工作重点，将应急供应链军地深度融合政策进一步深化细化，形成具有强制约束力的法规标准。二是建立组织领导机制。建立应急供应链军地深度融合的领导管理和协调机构，主要负责应急供应链军地深度融合发展的筹划组织和检查督导，落实双重领导、双重保障，为应急供应链军地深度融合发展提供组织保障。三是完善工作推进机制。完善需求提报、情况通报、信息共享、联署办公、联席会议等各项制度，规范沟通协调、工作程序、评估监督渠道，加强军地应急供应链交流互通、互动衔接，搞好重大应急供应链项目融合对接和协调推进。四是推行绩效评估机制。统筹制定军地双方深度融合绩效考核评估体系，定期对规划计划执行、重大建设项目进展、综合效益发挥等情况进行分析评估，及时纠偏正向，确保工作质量。五是落实奖惩激励机制。制定应急供应链军地深度融合工作奖惩措施，落实定岗定责和奖惩兑现；出台市场准入、税收减免、投资融资等方面的优惠政策，调动地方应急供应链企业积极性，从而提高应急经济效益。

三、应急供应链军地深度融合理论的实践应用

应急供应链军地深度融合理论主要有以下几个方面的具体应用。

（一）指导军地应急供应链统一规划决策

军地统一规划决策既是应急供应链军地深度融合的主要特征，也是实现应急供应链军地深度融合的根本保证。因此，在应急供应链军地深度融合建设过程中必须不断加强军地在应急供应链规划决策方面的合作，用系统的思想方法制订全面、长远的发展计划，寻求并采取正确的策略，指导具体行动方向。

准确定位军地应急供应链统一规划决策的内容，明确工作重点及注意事项是实现科学规划、正确决策的前提。军地应急供应链统一规划决策的内容应包括宏观和微观两个层次。宏观规划决策主要是指对国家整体应急供应链发展的规划与设计；微观规划决策主要是指对微观应急供应链实体的规划与设计。要站在国家安全发展战略的高度，提出有效整合社会应急供应链、加强应急供应链建设的一系列对策措施，减少和避免军地重复建设，统筹军地应急供应链资源，提升我国应急供应链产业整体水平。

（二）指导军地共育应急供应链人才

无论是平时还是应急，人才都是决定应急供应链体系能否正常运转的关键性因素。面对应急供应链发展对应急供应链人才的强劲需求，整合军地应急供应链教育资源，拓宽人才培养渠道，是加速应急供应链人才培养、缓解应急供应链人才供求矛盾的必由之路。借鉴国

内外军地联合办学、共育人才的经验，结合我国军地应急供应链人才培养现状，军地共育应急供应链人才的主要内容包括开展学历教育、组织进修深造、开展岗位培训、军地联合使用等方面。军地共育应急供应链人才主要有两种合作方法：一种是军地一方完全委托给另一方的委托培养，另一种是军地共同参与的联合培养。在军地共育应急供应链人才的过程中，应注意充分利用网络资源和就近资源，建立稳定的合作关系，强化教学管理与考核，完善相关方案、法规、制度和标准。在应急供应链人才培养中坚持理论与实践相结合、管理和技术相结合，创建应急供应链学术论坛，充分利用军地应急供应链专业教学资源开展教学科研活动。

（三）指导军地应急供应链合作科研开发

应急供应链的快速发展需要先进理论的指导，需要先进技术和装备的支撑，而这些都依赖于及时有效的科研开发。因此，要想充分发挥军地应急供应链科研人才、设备的作用和各自优势，联合科研开发就是非常必要的。同时，军地应急供应链在构成、内容、技术、理论、人才等方面所具有的广泛兼容性，为联合科研开发提供了条件。军地应急供应链合作科研开发的内容广泛，主要包括理论研究、技术开发与应用和装备研制与使用三个方面。军地应急供应链合作科研开发的方式是多种多样的，在具体实践中，应紧密结合各自工作的性质和任务，慎重选择一种或几种合适的方式认真组织实施，如开展学术研讨和技术交流、共同承担科研课题、相互利用成熟技术和产品等方式。为确保军地应急供应链合作科研开发工作的顺利实施，应做好以下四项工作：一是建立军地合作协调机制，二是搭建军地科研合作平台，三是建立军地统一的工业基础，四是完善相关政策。

（四）指导军地应急供应链联合保障

实现军地应急供应链联合保障是应急供应链军地深度融合的核心内容，主要表现为军地应急供应链保障资源共享和军地应急供应链保障需求的整合。军地应急供应链联合保障既是应急供应链军地深度融合建设的阶段性目标之一，也是决定应急供应链军地深度融合最终目标能否实现、各种效益能否充分体现的主要实践模式。因此，应选准立足点：立足效益最大，着眼互惠互利；立足军地互为补充，确保保障主体不变；立足平战结合，坚持循序渐进。应急供应链保障资源，主要是指为完成具体的应急供应链作业、提供满意的应急供应链保障所需的应急供应链设施、装备、信息平台等有形的硬件资源及附着在这些硬件资源上的人才和技术。军地应急供应链保障资源共享，主要包括军地对这些应急供应链保障资源的共同使用与新建。同时还应充分整合军地应急供应链保障需求，将军队的应急供应链保障业务有选择地外包给地方应急供应链保障商。

（五）指导国家应急供应链动员

国家应急供应链动员是社会应急供应链保障潜力向应急供应链保障实力的转化过程，是解决平时和急时供应链保障需求差距大的根本途径。加强国家应急供应链动员体系建设，要通过健全的动员机制、完善的方案计划和细致的动员准备，把蕴藏于社会的应急供应链资源潜力转化为强大的应急供应链保障实力，使其不为我所有、但为我所用。为此，需重视以下几个方面。一是建立健全运行机制。按照国家和军队应急管理部门提需求、动员部门搞协调、各级政府抓落实的应急供应链动员工作格局，建立健全国家应急供应链动员组织领导机构，规范应急供应链动员运行机制，完善配套相关政策法规，加快应急供应链动员地方立法，确保依法动员、渠道顺畅、有序高效。二是精心组织应急供应链动员准备。针对作战应急供应链保障需要，精确测算应急供应链动员需求，翔实掌握地方应急供应链潜力底数，精细制订应急供应链动员方案计划，按区域、分方向组织应急供应链动员演练，熟悉应急供应链动员任务、应急物资保障对象和程序方法。三是有针对性地做好应急供应链动员资源储备。依托地方应急供应链体系和骨干应急供应链企业，建立应急物资动员中心或应急供应链动员保障基地，采取实物储备、技术储备和生产能力储备等多种方法，突出科技含量高、生产周期长、应急筹措难的应急物资动员准备，突出应急供应链专业技术人才、重要应急供应链设施和应急生产能力的动员准备，一旦需要，就进行应急动员生产或征集，满足应急供应链保障需要。四是推进地方应急供应链建设贯彻应急需求。建立民用大型应急供应链基础设施兼顾应急需求的军地联审制度，对军地结合紧密的应急供应链项目预置功能，对军地结合不太紧密的应急供应链项目预留接口，对军地难以结合的应急供应链项目预储技术。例如，地方机场、港口、码头、通信等大型基础设施，以及车辆、船艇、运输机等军地通用应急供应链装备建设，都可以积极协调地方有关单位和部门贯彻应急需求，为今后联合应急行动需要预置功能、预留接口、预储技术，确保将国家应急供应链动员潜力快速转化为应急供应链保障能力。

为进一步发展应急供应链军地深度融合理论，应抓住以下主要着力点：应急供应链深度融合规划、应急供应链深度融合体制、应急供应链深度融合法制、应急供应链深度融合机制。

第四节　应急供应链活性理论

应急供应链如何适应重大应急事件复杂环境变化的挑战，适应联合应急行动应急物资保障的需要，提升应急供应链生存能力、快速反应能力和受损再生能力，已成为重大现实问题。王宗喜教授率先将活性理论引入应急供应链领域，揭示了应急供应链的自身性质，并深化细化，逐步发展形成了应急供应链活性理论。

一、应急供应链活性的内涵

联合应急行动应急物资保障需要应急供应链快速投入作业，以满足快节奏应急保障需求。研究应急供应链活性的目的在于提高应急供应链具体环节的快速作业水平，提升整个应急供应链体系适应联合应急行动应急物资保障和复杂应急环境保障的能力。

应急供应链活性是指应急供应链体系、要素投入作业活动的特性。应急供应链活性的内涵可从以下几个方面来理解。

一是任务和环境的自适应性。应急供应链体系应能适应环境的各种变化，有很强的适应能力。从适应各种应急任务的角度，应急供应链体系应适应不同类型保障活动的专业需要，要满足各类应急物资的保障需求，在技术上要易于实现调整和转换，保证应急物资的快进快出。

二是方式的多样性。应急供应链体系必须能够满足应急物资保障对象多样化的要求，这既包括对应急物资品种的多样化需求，又包括对保障方式的多样化需求。同时还要考虑应急供应链体系的整体活性和要素活性。

三是方法的灵活性。应急供应链体系快速反应必须以快速应急供应链作业为支持。应急供应链的快速运行需要提高应急供应链作业的容易程度。对于具体的应急物资，则强调易于投入应急供应链作业的性质。例如，集装箱运输比杂货运输更容易实现物品空间位移，托盘比散放物品更容易搬运等。

四是环节的衔接性。各个应急供应链环节的衔接必须平稳、快速，实现无缝链接，高效的应急供应链信息系统是提高应急供应链环节衔接性的基础。

这四点是对应急供应链活性内涵的理解，也是对应急供应链体系活性的综合评价。应急供应链保障活动具有鲜明的灵活性。应急物资在经过计划、筹措、运输、维护保养、组套包装、储备保管、装卸搬运、分拣配送等环节流向应急物资保障对象的过程中，都离不开应急供应链活性这个实现各个环节有效连接的“润滑剂”。倘若中间某一个环节的“润滑剂”出现了问题，将会直接影响整个应急供应链保障体系的有效运行。从应急物资保障对象来看，应急物资门类繁杂，既有固态物料，又有液态应急物资；既有大型装备，又有散装物料。不同的应急物资保障对象，应采用不同的包装方式、不同的运输机械、不同的运输路线、不同的装卸方式、不同的储备方式和不同的配送方法，这些因素在本质上都涉及应急供应链活性问题。

二、应急供应链活性理论要点

（一）关于应急供应链技术活性和管理活性

应急供应链体系的活性分为技术活性和管理活性，技术进步和管理创新是提高应急供应链活性的源泉。技术进步既可以是其他领域的新技术应用于应急供应链领域，如资源规划技术，也可以是应急供应链领域的原发性技术进步，如集装箱、散装水泥、条码、电子标签等；管理创新则包括标准化、模块化、延迟响应等。技术进步和管理创新可以有效提高应急供应链体系的柔性和韧性，提高应急供应链体系即时响应和抗毁损能力。应急供应链技术活性，或称为应急供应链物理活性，是指应急供应链对象进行机械运动的便利性。传统应急供应链理论中的搬运活性就属于技术活性。应急供应链技术活性是应急供应链活性的物质基础。例如，自动化立体仓库可以更好地适应多品种、少批量应急物资的需求，具有很好的应急供应链活性。应急供应链管理活性是应急供应链活性的重要保障。例如，平面库房管理规范有序，可以加快应急物资储备仓库的进出库速度。应急供应链管理科学的成果在许多方面揭示了应急供应链管理活性的提高途径。例如，集中管理的应急供应链活性优于分散管理；流通领域存货的应急供应链活性优于生产领域或消费领域存货；器材的应急供应链活性优于相关装备；标准化产品的应急供应链活性优于非标准产品；应急供应链上游的应急供应链活性优于下游等。

（二）关于应急供应链内活性和外活性

从应急物资易于投入应急供应链作业的影响因素来看，应急供应链活性可分为应急供应链内活性和应急供应链外活性。应急供应链内活性是由应急物资自身因素所决定的易于投入应急供应链作业的性质。应急供应链内活性由应急物资的尺寸、质量、形状等物理属性、化学属性、外部包装和存储状态四要素组成。应急供应链外活性是由外界因素决定的应急物资易于投入应急供应链作业的性质。

（三）关于应急供应链活性度量

联合应急行动应急物资保障任务对应急供应链体系的灵活性、反应速度提出了更高的要求，应急供应链体系的反应能力、灵活性成为构筑应急供应链体系核心保障能力的基本特征，需要用一些指标来综合反映应急供应链体系这一方面的特征，并进行科学度量。应急供应链活性指数可描述应急物资在应急供应链保障过程中流动的便捷程度，反映应急供应链体系及时满足应急物资保障对象不断变化的应急供应链保障需求的能力大小。简而言之，应急供应链活性指数，就是指应急物资从静止状态转变为运动状态的方便程度。它反映应急供应链体系的灵活性、为应急物资保障对象提供应急供应链保障的多样性、应急供应链保障活动的快捷性及应急供应链各环节的衔接性。

（四）关于应急供应链环节活性

应急供应链活性的构成由于应急供应链体系的不同而有较大差异。有的应急供应链体系功能齐全，且实行一体化管理；有的应急供应链体系虽有多种功能，但彼此之间的联系不够紧密；有的应急供应链体系功能较为单一。应急供应链活性一般由以下几部分构成。一是运输活性。运输活性主要体现在技术活性。如汽车运输的机动灵活性优于火车和船舶。集装箱运输由于可以快速装卸并适合于联运，可以实现门到门运输，其活性大大提高。二是储备活性。一般而言，储备应急物资的活性取决于所处的环节和储备技术。库存处于周转环节则其社会活性高于生产环节；库存处于自动化仓库则其物理活性高于普通仓库。三是装卸搬运活性。装卸搬运活性指数的计算基本沿用了传统做法，只是为了便于累计，指数从原来的0~4改为1~5。四是包装活性。包装活性看似与搬运活性有交叉，实则不同。装卸搬运所用容器是装卸搬运过程临时使用的，而包装容器往往从应急物资出厂的整个应急供应链过程一直伴随应急物资。五是应急供应链信息活性。应急供应链信息活性既包含技术活性，又包含管理活性，而且两者很难区分，如采用计算机处理，一方面使信息处理速度加快，另一方面可以使信息管理更为有序，更便于查询和实现信息共享。

三、应急供应链活性理论的实践应用

应急供应链活性理论的实践应用，主要体现在以下几个方面。

（一）指导应急供应链装备技术的研发和运用

合理利用机械化作业能够使应急供应链活性指数提高的概率增大，既节约了人力，减轻了劳动强度，又节约了时间，提高了应急供应链保障效率。尤其对于劳动强度大、工作条件差、搬运装卸频繁、动作重复的环节，应尽可能采用有效的机械化作业方式。采用应急供应链装备技术是提高应急供应链活性的物质基础。如自动化仓库技术、自动化搬运技术以及运输上的驮背运输、滚装船等都能有效提高应急供应链的技术活性。技术进步与管理水平提高往往是相互促进、互为前提的，故应急供应链管理活性也往往随之提高。美国和欧盟为了提高应急供应链活性，近年来大力发展轻型载荷搬运装备，不断提高具有货盘装载系统的自装能力和载重能力。这种载荷搬运系统的作用可以扩大到运输所有类别的供应物品，不仅创造了更大的载荷搬运能力，拓展了一些增补性的功能，而且新开辟了任何地点运送应急物资的极好平台。

（二）指导应急供应链体系设计

应急供应链活性理论的建立，为指导应急供应链方案设计、应急供应链设备选择和应急供应链作业方法确定，以及应急供应链保障的合理化、规范化和科学化，提供定量化的依据，同时也形成一种科学评估设计方案的办法。但是，在应用应急供应链活性理论进行应急供应链作业的合理化设计时，虽然可以解决应急供应链体系内部的一些问题，但必须注意它是一个优化和不断提高的过程，而不是一种静止不变或万能的方法。因此，在进行应急供应链作业系统的实际设计时，除应用应急供应链活性理论外，还要考虑相关作业的条件和对整个应急供应链作业系统的影响，以达到应急供应链体系的整体最优化设计。应急供应链作业是应急供应链各作业环节的有机组成部分，只有各环节均衡并相互协调，才能使整个应急供应链体系产生预期的效果。因此，要针对薄弱环节，科学运用应急供应链活性理论，采取科学方法，使应急供应链作业各环节协调一致，全面提升应急供应链综合保障效能。

（三）指导应急供应链标准化建设

应急供应链标准化是提高应急供应链活性的重要手段和措施。应急供应链标准化，是指按照联合应急行动应急物资保障的目的和要求，从技术标准、工作标准、应急供应链环节等方面，全面规范应急供应链体系的一系列活动的统称。如应急物资集装箱、应急物资储备仓库、应急运输车辆采用同一应急供应链模数尺寸，可以提高各应急供应链环节作业的配合性，提高作业效率；港口、场站设施的标准化，可以提高应急运输活性；数据格式、编码的标准化，可提高应急供应链信息活性。应急供应链标准化建设是提高应急供应链活性水平，保证应急供应链质量，减少应急供应链保障环节，提升应急供应链应急效益、经济效益和社会效益的重要途径，是推进应急供应链保障能力生成模式转变，实现适时适地适量适用的应急物资保障，因此具有十分重要的意义。

（四）指导应急供应链信息化建设

应急供应链信息的网络化，可以加快应急供应链信息的传输速度，提高应急供应链信息的共享程度。各个应急供应链活性组成部分中，应急供应链信息活性最为关键，它对整个应急供应链体系的活性起乘数作用。一些长期储备的应急物资之所以积压是由于在没有得到确切的应急物资需求信息时就被生产出来了，如果能够推迟“时间、地点和最终形态”的实现就可以获得最大的灵活性。如果不借助外界信息，一个封闭的应急供应链体系的活性就会不断下降，而应急供应链信息技术的应用，使延迟响应成为可能，从而大大提高了应急供应链信息活性。通过引进开发研制的应急供应链管理信息系统，利用有源射频卡、多功能读写设备、无线数据传输与处理设备，对进出应急供应链基地的应急物资进行识别、监控、管理，对集装化和散装货物实施快速识别和查找，就能实现应急保障资源实时可视和实时掌控，从而提高了应急供应链活性。

（五）指导应急供应链集装化工作

应急供应链集装化是应急供应链的发展趋势之一。集装化之所以能够提高应急供应链活性，是因为应急供应链集装化有利于综合采用应急供应链技术，从而提高应急供应链技术活性；还因为应急供应链集装化有利于应急供应链高效管理，从而提高应急供应链管理活性。应急供应链基地建设应在设计之初就充分考虑高强度持续保障的需要，提升应急供应链集装化保障水平。进一步发展应急供应链活性理论，应抓住以下主要着力点：应急供应链活性生成机理研究、应急供应链活性评估研究以及应急供应链活性度量深化研究等。

第三章　应急供应链集成化管理战略

应急供应链是以重大应急事件需求为导向、以提高应急供应链保障效能为目标、以整合应急供应链资源为手段，实现应急物资研发、需求、计划、生产、采购、物流、储备、使用、回收、结算等全过程高效协同的组织形态。随着现代信息技术的发展，应急供应链已发展到与互联网、物联网深度融合的智慧应急供应链新阶段。加快推进应急供应链集成化管理，促进应急供应链保障模式、应急物资保障方式和政府管理方式创新，推进应急供应链管理变革。大力加强应急供应链集成化管理，是当前乃至今后一个历史时期的重大战略课题。理清思路、找准突破口、科学确定切入点是切实加强应急供应链集成化管理的关键所在。

第一节　应急供应链集成化管理的战略意义

近年来，世界各国纷纷加强以先进科学技术推动应急供应链变革。加强应急供应链集成化管理，正是基于对世界应急供应链发展趋势的深刻洞察，基于对应急供应链集成化管理规律的准确把握，为从新的更高起点上建设应急供应链体系而作出的战略选择。

一、加快转变保障力生成模式的重要举措

实现应急力量应急处置能力生成模式的转变，就包括应急供应链保障力生成模式的转变。没有应急供应链保障力生成模式的转变，应

急处置能力生成模式的转变就不彻底、不全面。传统的应急保障模式下，应急物流指控机构和人员掌握的信息通常是零散、片段和滞后的，往往导致应急保障资源盲目流动，应急保障能力的生成和维持只能依靠数量的不断投入和规模的持续扩大。在信息化条件下，信息能力在应急力量应急处置能力生成中起主导作用，基于信息系统的应急处置能力成为应急处置能力的基本形态。应急供应链保障力是应急处置能力的支援保障，其生成模式转变同样依赖于信息能力。应急供应链集成化管理的目的就是要通过灵敏感知前方、紧密联通地方、快速掌握后方，全面提升信息能力；以信息流引导物资流，加快应急供应链保障力生成模式由资源主导型向信息主导型转变，构建起基于信息系统的应急供应链保障能力的新型保障力生成模式。

二、保障联合应急行动的现实需要

进入新时代，国际形势发生了深刻变化，我国安全问题的综合性、复杂性、多变性进一步增强，传统安全威胁和非传统安全威胁相互交织，国际因素和国内因素相互作用，政治安全、经济安全、生态安全和其他安全都面临更多新的挑战。基于国家安全形势需要，军队职能任务进入快速拓展期，除每天执行传统联合应急行动任务外，更频繁遂行应急处突、反恐维稳、抢险救灾、国际救援等一系列联合应急行动应急供应链任务，职能任务的拓展需要拥有强大的应急供应链。我国突发事件共分四类，其中，自然灾害、事故灾难由应急管理部牵头处置，社会安全事件由公安部牵头处置，公共卫生事件由国家卫健委牵头处置，设置疫情防控工作指挥控制人员小组。2020 年为应对新冠疫情，国家、军队首次设立了联防联控工作机制，牵头组织各项防控工作。由于联合应急行动事发突然，准备时间仓促，要求应急供应链实时感知在储应急物资数量、种类和位置等情况，快速完成筹措保障任务；应急保障力量机动距离远、频率高，要求准确定位在运应急物资位置，灵活调整应急物资运送路线；联合应急行动持续时间长、行动节奏快、应急物资需求量大，要求实时监控应急供应链运行状况，保持应急供应链持续保障能力。必须紧紧围绕职能任务，大力推广应用以北斗定位导航、移动互联网、物联网、云计算、大数据技术为代表的新技术、新手段，实时掌握在产、在储、在运、在用、在修、在处理的应急物资信息，全面提升应急供应链完成联合应急行动应急保障任务的能力。

三、建设强大的现代化应急供应链的内在要求

近年来，应急管理部门按照党中央决策部署，认真贯彻落实应急供应链体系建设的总体要求，应急供应链集成化管理取得了阶段性成果。但也要清醒地看到，应急供应链集成管理手段比较传统，现代因素明显不足，特别是应急供应链集成化管理水平较低，军地应急保障部门之间资源共享不够、信息通联不足，离实现联合应急保障行动需求实时可知、应急保障资源实时可视、应急保障活动实时可控的目标还有一定差距。应急供应链集成化管理既是国家应急供应链体系的重要组成部分，也是建设强大的现代应急供应链体系战略构想的具体展开和生动体现。它以现代科技推动应急供应链集成化管理总体战略为指导，以现代智能技术集成应用为途径，着力在精确感知应急保障需求、准确获知在储在运应急物资信息、灵活调控应急保障活动等关键性环节取得突破，扎实推进应急供应链集成化管理手段向信息化智能

化迈进，努力实现由被动补给型向主动配送型、由数量规模型向质量效能型、由军地自我保障型向军民联合保障型转变，推动应急供应链体系又好又快发展。

第二节　应急供应链集成化管理的总体思路

一、指导思想

全面贯彻党的二十大精神，深入贯彻习近平总书记系列重要讲话精神和治国理政新理念、新思想、新战略，认真落实党中央、国务院决策部署，统筹推进“五位一体”总体布局和协调推进“四个全面”战略布局，坚持以人民为中心的发展思想，坚持稳中求进工作总基调，牢固树立和贯彻落实创新、协调、绿色、开放、共享的新发展理念，以推进应急供应链高质量发展和提升应急供应链整体效能为中心，以应急供应链与互联网、物联网深度融合为路径，以应急供应链专业化、标准化、协同化、智能化建设和应急供应链人才培养为支撑，创新发展应急供应链集成化管理新理念、新技术和新模式，高效整合各类应急供应链资源和要素，打造大数据支撑、网络化共享、智能化协作的智慧应急供应链体系，推进应急供应链变革，提升我国应急供应链整体水平。

二、基本原则

一是坚持系统推进。坚持系统观念，加强前瞻性思考、全局性谋划、战略性布局和整体性推进，统筹应急供应链体系建设。合理确定应急供应链网络布局，加强构建应急供应链标准体系，优化应急供应链网络结构功能，精准补齐应急供应链短板，提升应急供应链资源要素配置效率，促进应急供应链跨军地、跨领域、跨区域、跨行业协调融合发展。

二是坚持创新驱动。注重高新科技深度赋能应用，提升应急供应链数字化、智能化发展水平，破除制约应急供应链高质量发展的体制、机制障碍，推动应急供应链集成化管理，促进应急供应链提效能、扩功能、增动能。

三是坚持安全发展。贯彻总体国家安全观，强化应急供应链资源要素安全利用，确保应急供应链运行安全，加强应急供应链集成化风险管理能力建设，提升应急供应链互联互通水平，保障应急供应链综合安全。

四是坚持军地一体。适应军地一体化发展要求，尽快搭建军地一体化应急供应链综合信息平台，深度融合军队、国家和地方应急供应链资源要素，高效协调应急供应链保障行动，探索创新军地一体化应急供应链保障模式，将应急供应链体系建设发展深深根植于国家强大的综合国力之中。

三、主要目标

形成一批适合我国国情的应急供应链集成化管理新技术和新模式，形成覆盖各类重大应急事件的智慧应急供应链体系。应急供应链集成化管理在促进应急供应链精确保障、供需匹配和产业升级中的作用显著增强，成为应急供应链变革的重要支撑。优化应急供应链网络布局，提升应急供应链发展质量，第五代移动通信技术（5G）、物联网、大数据、云计算、人工智能等技术与应急供应链深度融合，应急供应链安全风险防控体系进一步健全，培育若干全球应急供应链领先企业，各类重大应急事件的应急供应链集成化管理能力和应急保障能力达到世界先进水平，中国成为全球应急供应链集成化管理的教学科研、综合演训和学术交流中心。

第三节　应急供应链集成化管理的主要内容

一、应急供应链集成化指挥控制

构建国家统一的应急供应链集成化指挥控制体系，实现应急物资集中管理、统一调拨、统一配送，推动应急物资供应保障更加高效安全可控。全面加强应急供应链指挥控制中心建设，加大对应急供应链指挥控制的力度，构建形成统一指挥、按级负责的运行机制。预先固化指挥编成、任务分工、协同机制，遇有情况能够快速响应，迅速进入角色、投入实际应急保障活动，按急时指挥体制高效组织应急保障行动。应在重大应急事件发生后，快速明确参加重大应急保障行动防控的军地应急保障力量，明确指挥控制关系，建立通信联络、信息系统联通和应急值班制度。同时，深入研究应急供应链指挥控制中心前台、中台和后台一体化联动的模式，固化、深化应急供应链指挥控制流程，密切应急供应链前、中、后台联络协作，实现军地一体化联动，提高应急供应链指挥控制效率。

二、应急供应链生产集成化管理

应急供应链生产涉及应急物资原材料的应急采购、应急运输、应急储备和应急配送，与“有物可流”密不可分，息息相关。因此，政府应急管理部门需要站在应对重大应急事件全局，统筹应急物资及其原材料的采购、生产、运输、储备、配送等各个环节，科学规划应急物资储备、生产能力储备的比例。优化重要应急物资产能保障和区域布局，做到关键时刻调得出、用得上。中国抗击新冠疫情初期，一些本不生产医用防护服、口罩等医疗物资的中央企业，克服困难，想尽办法，加快转产扩产、多产快产，以战时状态全力推进医疗物资生产。加紧研制口罩机、压条机等关键紧缺设备，陆续实现量产。例如，按照国务院及国资委的安排，中国船舶集团有限公司紧急承担了平面口罩机、N95 口罩机、压条机及口罩机用超声波点焊机关键部件等防疫医疗物资生产关键设备的研制生产紧急攻关专项任务，全球最大造船集团“变身”口罩设备制造商。2020 年 2 月 26 日，中国船舶集团有限公司宣布其研制的平面口罩机、N95 口罩机、防护服压条机等设备全面批量生产，性能优良，三型设备的量产装配调试工作和超声波点焊机关键部件紧急扩产全面铺开。2020 年 2 月 29 日，历经 22 天奋战，中国石油下属 4 家企业新建的 6 条医用口罩生产线全部建成，开始满负荷加工生产，形成每天 60 万只的生产能力。进入 2020 年 3 月，随着引进的 21 条口罩生产线陆续开工，全部投产后，中国石油日产口罩可达 150 万只。

三、应急供应链采购集成化管理

应急供应链采购是应急物资筹措的重要方式，是在重大应急情况下按照非常规采购程序进行的采购方式，需要采购机构在平时掌握可靠的应急物资货源渠道信息。应急供应链采购有时会遇到应急物资交货周期的问题，比如医用口罩一般有14天的灭菌后解析期，即使在应急情况下，也只能缩短到7~10天，必须预先周密考虑。完善应急供应链采购体系，加强应急供应链采购集成化管理，一要加强分级应急对接，集采统供重点需求。应急供应链采购等级确定应综合考虑重大应急事件应急等级、应急采购保障需求紧急程度和应急物资资源获取程度等。应分类分级完善应急采购保障预案，明确应急等级启动时机和发布方式，军地同步启动应急预案，提前筹划应急物资保障供需。二要归口军地协同，加强应急资源管控。要实现应急资源集采统管。匹配重大应急事件不同阶段应急供应链采购需求和应急资源，重点对接好应急物资储备和生产能力储备，通过政府指令直接保障军队重要应急物资，其他应急需求也可共享防疫物资资源名录，并统一组织资质审查、限价质检和应急生产监督等。应有针对性地与区域重点供应商建立可靠、稳定的应急采购协议，平时给予政策优惠，培育和激励优质供应商，定期组织联合应急演练；急时提高对接效率，确保供货稳定，加强应急生产督导和原材料供应协调，共同分担来自市场和战场的双重风险。三要统一搭建平台，优化应急采购机制。应尽快搭建全国统一、军地一体的网上应急采购平台，对接应急物资供需信息，实现采购业务网上运行，打通采购绿色快速通道。四要创新采购智能监管手段。运用新型采购智能监管手段进行应急供应链采购集成化管理。

四、应急供应链物流集成化管理

我国物流资源丰富、能力强大，但应对重大应急事件应急物流保障资源力量统筹和协同不够，难以实现“物畅其流”。通过加强应急供应链物流集成化管理，实现应急物流保障“物畅其流”。一要加强力量调配。应由“应急物流调度指挥中心”对各类应急物流保障力量统一调配，采取动员征用等非常规的措施手段，集中调配和共享共用应急物流资源，实现应急物流保障效能的最大化。二要畅通物流通道。应完善应急物资通行证发放审验机制，构建顺畅高效的物流通道网络，协力打造“绿色通道”，保障应急物流通道顺畅，确保应急物资等能够及时运达中转站和配送点。三要运用专业物流。应坚持专业主导，把专业的事交给专业的人来做。精准高效地组织重大应急事件专业化的应急物流保障，还必须依靠中国邮政、顺丰、京东等专业化的优质物流企业进行全供应链专业化运作。

五、应急供应链储备集成化管理

应急供应链储备是应对应急事件的重要依托，是提升应急供应链储备综合效益、提高应急供应链储备保障效能的重要手段。一要合理确定应急供应链储备品种。组织论证应急物资储备的职能定位，修订完善应急物资储备目录，研究确定应急物资“储什么”。二要合理确定应急供应链储备规模。要综合考虑应急物资保障需求、生产能力、物流网络、社会资源等因素，科学论证应急物资储备规模，构建应急供应链储备规模动态量化模型，研究确定应急物资“储多少”。三要合理确定应急供应链储备布局。要构建形成覆盖国土全域、辐射海外远域的应急供应链储备布局，优化应急物资储备布点，建设大型化、综合化、智能化的应急物流基地，研究确定应急物资“储在哪”。四要合理确定应急供应链储备方式。要升级改造应急供应链储备模式，打造单元化应急保障模块，研究确定应急物资“怎么储”。要形成国家应急物资储备仓库、军队应急物资储备仓库、代储企业仓库三级储备体系，构建前后衔接、快速响应、持续稳定的应急储备供应链。应急供应链储备应探索以国家和军队实物储备为骨干，依托企业代储、合同储备为补充的储备方式。五要合理确定应急供应链储备机制。要健全应急供应链储备集成化管理规章制度，完善应急物资储备保管、组套包装、轮换更新、维护保养、调拨动用等机制，确保应急供应链储备集成化管理工作高效运转。

六、应急供应链资金集成化管理

应急供应链资金集成化管理有利于提高国家应急供应链资金配置效益，提升应急供应链体系综合保障能力。一要统一制定应急资金保障标准。按照应急资金保障到哪一级，应急资金保障标准就制定到哪一级的原则，会同应急资金保障部门制定应急资金保障标准，纳入应急资金保障标准方案，同时拟制应急资金使用管理制度及应急物资实物消耗标准。二要集中审核应急资金预算。按照预算管理有关规定，应急保障部门分项预算应包括应急物资采购、运输、仓储、配送、回收回撤等支出明细预算。应急资金保障部门集中审核应急资金预算时，对应急保障部门预算安排各类应急物资支出的项目、数量、资金来源等要素，组织预算评审专家，进行审查汇总，提出审核意见。三要集中审查应急保障合同。对应急保障部门应急物流、应急采购、应急运输、应急配送的合同中的具体项目、标的、单价、金额、付款方式和期限、违约赔偿等应急资金管理和保障条款进行审查，维护应急保障部门合法权益。四要统一实施应急保障结算集中支付。应急保障部门在应急物资的采购、运输、仓储、配送、回收回撤等环节完成应急物资质量验收合格后，根据应急资金保障预算、相关合同文书和应急物资实际验收情况，以及相关责任领导批准的支付凭证和应急资金支付申请，及时办理应急资金结算，直接支付应急物资供应商和应急物流企业资金。五要推广应用应急资金智能结算。随着智能化时代的到来，网银、微信、支付宝等网络支付技术迅速普及，应加快数字人民币支付手段在应急供应链资金结算中的推广应用，便捷应急资金结算、提高应急资金结算效率。

七、应急供应链信息集成化管理

信息技术是应急供应链的“倍增器”和“黏合剂”。要大力推进人工智能、大数据、云计算、物联网等现代信息技术在重大应急事件应急保障中的应用，提高应急保障的智能化程度。一要推广应急供应链信息集成化管理系统。应急供应链信息集成化管理系统主要包括应急物流集中管控、应急物资采购、应急物资运输、应急物资储备、应急装备维修、应急物资配送、废弃物资处理等子系统。政府有关职能部门应组织力量，尽快开发应用平急一体、平战一体、军地结合的应急供应链信息集成化管理系统。二要推广运用应急物资编目系统。应在军用物资编目系统的基础上建设应急物资编目系统，形成应急物资编目数据库，实现应急物资的大数据管理。三要推广应用无人智能化物流装备。无人智能化物流装备更适合有效应对重大应急事件应急物流保障，应加大物流无人机、无人配送车、无人仓、无人超市和智能售卖柜等无人智能化技术手段的推广应用。

八、应急供应链集成化管理标准体系

应急供应链集成化管理标准体系是应急供应链的软基础。应急供应链集成化管理标准统一是应急供应链的制度保障。没有应急供应链标准就没有依据，就没有兼容，就不可能实现网络互联和信息共享，也就实现不了一体化。应急供应链标准规范和法规制度是指应急供应链技术标准以及保证应急供应链集成化管理、维护和运行相配套的法规机制、管理制度等。该标准体系是应急供应链有序集成化管理和正常运行的技术遵循、政策保障和管理依据。应急供应链集成化管理必须依赖标准化、规范化的支撑。配套的应急供应链标准体系可以促进应急供应链集成化管理技术上的协调一致和整体效能的实现。应急供应链标准体系主要包括应急供应链基础标准、技术标准和管理标准。

应急供应链基础标准主要包括应急供应链体系化工程实施要求、应急供应链工程技术监理指导、应急供应链编目标准、应急供应链软件体系架构、应急供应链软件定型试验规程等方面的内容。应急供应链技术标准主要包括应急供应链信息分类编码标准、应急供应链数据元字典标准、应急供应链数据模型标准、应急供应链信息采集与识别标准、应急供应链信息交换标准和应急供应链信息处理标准，以及应急供应链智能管控系统集成化管理需求分析、软件设计、数据集成化管理、推广应用等技术规范。应急供应链集成化管理标准主要包括应急供应链智能管控系统开发标准、应急供应链智能管控系统质量标准和应急供应链信息安全管理标准，用于指导和规范系统集成化管理和推广应用各项工作。

九、国家应急供应链集成化动员

国家应急供应链集成化动员是社会供应链保障潜力向应急供应链保障实力的转化过程，是解决应急供应链保障需求差距大的根本途径。加强国家应急供应链集成化动员体系建设，要通过健全的集成化动员机制、完善的方案计划和细致的集成化动员准备，把蕴藏于社会的应急供应链资源潜力转化为应急行动需要的强大的应急供应链的保障实力。以提升应急供应链集成化动员能力为目标，推动国家应急供应链集成化动员创新发展。进一步完善应急供应链集成化动员预案体系，推动应急供应链集成化动员与应急管理有效衔接，探索建立应急保障资源共享机制。

一是建立健全应急供应链集成化动员机制。按照应急管理部门和应急保障部门提需求、动员部门搞协调、各级政府抓落实的应急供应链动员工作格局，建立健全国家应急供应链动员组织和指挥控制人员机构，规范应急供应链动员运行机制，完善配套相关政策法规，加快应急供应链动员地方立法，确保依法动员、渠道顺畅、有序高效。

二是精心组织应急供应链集成化动员准备。针对应急保障需要，精确测算应急供应链集成化动员需求，翔实掌握地方应急供应链潜力底数，精细制订应急供应链集成化动员方案计划，按区域、分方向组织应急供应链集成化动员演练，熟悉应急供应链集成化动员任务、保障对象和程序方法。

三是预先做好应急供应链集成化动员资源储备。依托地方应急供应链系统和骨干应急供应链企业，建立应急物资动员中心或应急供应链集成化动员保障基地，采取实物储备、技术储备和生产能力储备等多种方法，突出科技含量高、生产周期长、紧急筹措难的应急物资动员准备，突出应急供应链信息集成化管理专业技术人才、重要应急供应链设施和应急生产能力的集成化动员准备，一旦需要，就进行应急动员生产或征集，满足应急供应链保障需要。

四是积极推进地方应急供应链集成化动员贯彻应急需求。建立民用大型供应链基础设施兼顾应急应战需求的军地联审制度，对军地结合紧密的应急供应链项目预置功能，对军地结合不太紧密的应急供应链项目预留接口，对军地难以结合的应急供应链项目预储技术。例如，地方机场、港口、码头、通信等大型基础设施，以及车辆、船艇、运输机等应急供应链装备集成化管理，都可以积极协调地方有关单位和部门贯彻应急需求，为今后联合应急行动需要预置功能、预留接口、预储技术，确保将国家应急供应链动员潜力快速转化为应急供应链体系保障能力。

第四节　应急供应链集成化管理的对策措施

一、务实推进应急供应链集成化管理政策制定

加快构建以政府为主导、产学研用合作的应急供应链集成化管理体系，鼓励有关部门制定应急供应链集成化管理相关政策。推进各有关部门提高思想认识，按照职责分工，完善配套政策措施，加强部门

协同，强化上下联动。加快推进应急供应链集成化管理标准规范制定、关键技术研发、保障模式推广和保障效能评估等。

二、积极开展应急供应链集成化管理试点示范

加快制定应急供应链集成化管理试点示范项目建设方案，适时开展应急供应链集成化管理示范试点，动态优化和逐步完善国家应急供应链体系。培育一批国际一流的应急供应链集成化管理示范企业，建设一批跨军地、跨部门、跨行业、跨领域的应急供应链集成化管理示范项目。建立健全应急供应链集成化管理试点成果总结和系统推广机制，加大对应急供应链集成化管理试点示范项目的支持力度。

三、稳步推进应急供应链标准体系建设

建立应急供应链集成化管理指标体系，加快制定应急供应链指挥控制、采购、物流、结算、回收、信息等关键共性标准，加强军地、部门、行业间应急供应链标准规范的兼容，促进应急供应链标准规范通用共用。推动应急保障实体提高应急供应链管理流程标准化水平，推进应急供应链服务标准化，提高应急供应链系统集成能力和资源整合能力。积极参与全球应急供应链标准制定，推进应急供应链标准国际化进程。

四、加快培养专业化应急供应链人才

鼓励有条件的高等院校和科研院所建设应急供应链专业研究机构，支持高等院校和职业学校设置应急供应链相关专业和课程，培养应急供应链专业人才。鼓励相关部门和专业机构加强应急供应链专业

人才培训。创新应急供应链专业人才激励机制，加强国际化的应急供应链专业人才流动与管理，吸引和聚集世界优秀应急供应链专业人才。

五、切实加强应急供应链行业组织建设

依托中国物流与采购联合会应急物流专业委员会设立应急供应链行业组织，成立应急供应链专家委员会，配套建设应急供应链研究院。推动建设应急供应链公共服务平台，加强应急供应链产业研究、数据统计、标准制定和修订及国际交流，提供应急供应链集成化管理咨询、应急供应链专业人才培训等服务。加强行业自律，促进应急供应链产业健康有序发展。加强与国外应急供应链行业组织的交流合作，推动应急供应链专业资质相互认证，促进我国应急供应链发展与国际接轨。

第四章　应急供应链集成化管理机制

科学合理的应急供应链集成化管理机制能够充分调动人的积极性、主动性和创造性，发挥财力物力的作用，提高应急供应链集成化管理效能，优化应急供应链集成化管理的整体功能。要取得新时代应急供应链集成化管理优势，需要认真研究应急供应链集成化管理机制问题。

第一节　应急供应链集成化管理机制概述

应急供应链集成化管理机制是为了达到组织目标，应急供应链集成化管理活动中所形成的内在联系与运行机理。推进应急供应链集成化管理，必须建立健全与时代形势任务相适应的应急供应链集成化管理机制。

一、应急供应链集成化管理机制的概念

所谓机制，就是由组织机构、政策制度和运行主体共同构成，并按一定机理发挥作用的有机体系。机制的运行，离不开组织机构、政策制度、运行主体，通过三者按照一定机理发挥作用，机制才富有生命力，才能够成为活的有机体系。

应急供应链集成化管理机制是指由应急供应链集成化管理系统的组织机构、政策法规制度和运行主体共同构成，并按一定机理发挥作用的有机体系。它反映的是应急供应链集成化管理本质的内在机能，

是应急供应链集成化管理系统中体制、政策制度、运行主体等各要素的动态关系。应急供应链集成化管理机制功能的发挥，依赖于各构成要素内部及要素之间的相互作用。应急供应链集成化管理机制在应急供应链集成化管理中发挥着“枢纽”作用。

合理的应急供应链集成化管理机制可以避免随意性和无序性，使应急供应链集成化管理工作更富规律性和科学性。优化应急供应链集成化管理机制、提高应急供应链集成化管理效能，是推进应急供应链集成化管理的重要步骤，是使应急供应链集成化管理系统发挥最佳功能的关键所在。

二、应急供应链集成化管理机制的特点

把握应急供应链集成化管理机制的特点，有助于在应急供应链集成化管理实践中充分发挥机制的作用。应急供应链集成化管理机制具有系统性、客观性、均衡性和灵活性等特点。

一是系统性。

系统性是应急供应链集成化管理机制的内在属性。应急供应链集成化管理机制是一个复杂大系统，由若干层级、功能模块的机制子系统构成。应急供应链集成化管理机制的结构、功能、组织等并非相互割裂，而是成体系地存在并发挥作用，要从全局、整体、系统的角度来把握和运用应急供应链集成化管理机制。应急供应链集成化管理机制的系统性表现为机制要素齐全、机制体系结构（主要包括运行机制、动力机制和约束机制）完整。应急供应链集成化管理机制并非一个封闭的系统，它受社会、经济、自然等环境的影响，具有较强的开放性。

二是客观性。

应急供应链集成化管理机制是客观存在的，它反映的是应急供应链本质的内在机能，是应急供应链系统各组成部分间的相互作用的动态关系。应急供应链集成化管理机制制约并决定着某一应急供应链系统功能的发挥，没有相应的应急供应链集成化管理机制，应急供应链系统的功能就不能存在，或不能更好发挥作用。应急供应链集成化管理机制是以制度为载体形式存在的，但应急供应链集成化管理机制又不能简单等同于某一方面的应急供应链集成化管理制度的汇总，应急供应链制度形成体系并能有效运作，才能称为应急供应链集成化管理机制。

三是均衡性。

应急供应链集成化管理机制的各个组成部分在强弱程度上大致均等，在相互制约的基础上相对稳定有序，协调一致地发挥作用。应急供应链集成化管理机制能否达到既定目标和发挥正常功能，并非取决于某一机制的强弱，而是取决于各部分之间是否平衡联动发挥应有功能。均衡性是相对、动态、多元的。应急供应链集成化管理机制既包括运行机制，又包括动力机制和约束机制，要奖惩并施，精神激励和物资激励并用，既要实施以奖励为主的正向激励，又要加大惩戒的负激励力度。

四是灵活性。

世间唯一不变的是变化。应急供应链集成化管理机制的灵活性与所处的社会、经济、自然环境及自身特点紧密相关。应急供应链系统应具有快速应变能力，适应不断变化的内外环境，离不开灵动的应急供应链集成化管理机制的强力支撑。要根据联合应急行动保障需求，科学柔性地调整应急供应链体系建设规划，灵活机动地运用应急供应链保障力量，提高应急供应链整体保障效能。

五是能动性。

应急供应链集成化管理机制表现出很强的能动性特点。应急供应链集成化管理机制的能动性与管理系统所处的环境，以及自身的特点紧密相关。应急供应链集成化管理系统与环境之间存在着密切的联系，在环境变化与应急供应链集成化管理系统复杂性日益增加的情况下，应建立一种能够快速适应环境的管理机制。这就要求应急供应链集成化管理系统在保持一定稳定性的基础上，必须要具有较强的能动性。应急供应链集成化管理机制是按照一定的规律，能动地渗透应急供应链集成化管理活动每一个环节而进行调节与应变的技能。任何系统都要以机制为基础进行协调、控制、运转，以增加系统的活力和生机。通过应急供应链集成化管理机制的能动作用，应急供应链集成化管理系统才能够有效进行调控，实现应急供应链集成化管理效益的最大化。

六是实操性。

应急供应链集成化管理体制一般是对原则性、方向性和全局性问题的规定，其目标的实现有赖于实践性强、操作性突出的应急供应链集成化管理机制。从应急供应链集成化管理机制的作用上看，应急供应链集成化管理机制是直接为应急供应链集成化管理实践服务的，不仅要从应急供应链集成化机制层次上揭示应急供应链集成化管理的特点规律，而且要提出并详细规划好实施应急供应链集成化管理的程序步骤、方法手段、具体措施等，对应急供应链集成化管理系统的控制必须以系统的机制为基础，如果离开了对应急供应链系统机制的利用和操纵，就不可能达到控制的目的，相反还可能对应急供应链集成化管理系统起破坏作用。只有把对应急供应链集成化管理系统的控制与应急供应链集成化管理机制在总体上很好地结合起来，才能形成应急供应链集成化管理系统高效的调节方式。

第二节　应急供应链集成化管理机制的功能

应急供应链集成化管理活动较为理想的状态是其管理机制能为整体管理效能的提高作出贡献。应急供应链集成化管理机制的好坏，从根本上说，要依据其作用发挥情况进行评价。应急供应链集成化管理机制是实现应急供应链集成化管理目标的重要保障因素。外部环境对应急供应链集成化管理活动的影响作用，都需要通过管理机制来实现。管理的目的性决定了应急供应链集成化管理的一切方面，即为了实现管理功能，应急供应链集成化管理中任何管理机制的存在，都必然最终作用于管理功能的实现。在应急供应链集成化管理中，管理机制的功能表现为促进应急供应链集成化管理的各个组成部分，通过一定的相互作用，实现应急供应链集成化管理的各种功能。

一、目标导向

应急供应链集成化管理实质上是使应急供应链集成化管理对象在应急供应链集成化管理机制的约束下，向应急供应链集成化管理者预定目标的运动。而这种运动，如果没有应急供应链集成化管理者的行为，应急供应链集成化管理对象一般是不会自发实现的。应急供应链集成化管理对象一般会存在某些自发的倾向和追求。如果应急供应链集成化管理者能够提供满足这些倾向的回报，并且有效控制这些回报，被管理者就会按管理者的意愿行事。由于这种功能以引导被管理者行为为目的，因而可称为行为导向功能。根据对被管理者施加的某种刺激的两个相反方向，应急供应链集成化管理机制有两种截然不同但又互补的功能，即正向行为导向功能与反向行为导向功能。所谓正向行为导向功能，就是指当一定的行为主体（系统中的机构、个人）的行为符合应急供应链集成化管理系统为其设定的目标时就会受到某种鼓励，与应急供应链集成化管理目标越接近，所受到的鼓励越多，如各种激励功能。所谓反向行为导向功能，是指当行为主体的行为背离系统为其设定的目标时就会受到某种惩罚，距目标越远所受到的惩罚越多，如各种约束功能（含惩戒功能）。导向机制是将应急供应链集成化管理系统的各个部分及每个人激发出来的力量，通过导向手段，引向整体合力的机制。

二、高效协同

应急供应链集成化管理机制的协同功能，是指物质系统本身所固有的，不断协调各子系统或诸要素彼此之间关系，从而消除紊乱而同化为一个有机整体，并且向新的有序方向发展的内部自组织功能。只有在应急供应链集成化管理机制的协同功能作用之下，应急供应链集成化管理系统内各要素才能处于有机状态，并协调一致发挥其应有的积极作用。系统功能的发挥能够通过一定的方式，使应急供应链集成化管理活动中具有不同职能的部门相互配合，共同为实现应急供应链集成化管理的整体目标作出贡献。根据应急供应链集成化管理系统的不同协同方式，协调机制分为集中指挥功能、规范功能、自我协调功能三种。集中指挥功能是指应急供应链集成化管理系统上层领导直接集中指挥达到协同的目的；规范功能是指在应急供应链集成化管理的子系统或相关个人间建立统一规范而达到相互协调的目的；自我协调功能，是指应急供应链集成化管理系统的子系统或相关个人在相互交往中自行达成某种协议的协同过程。这三种功能，有助于应急供应链集成化管理系统做到既集中统一，又充分调动各级各部门的工作积极性，有效地进行资源的配置，从而发挥其最大效用。

三、持续发展

应急供应链集成化管理机制是应急供应链集成化管理活动的内在动力，其与外部环境产生的外动力有着密不可分的联系。应急供应链集成化管理机制内动力与环境外动力协调匹配的状况，在一定程度上，决定了应急供应链集成化管理系统的运行状况和活力。应急供应链集成化管理机制具有适应长期可持续发展功能，这就是应急供应链集成化管理系统能够通过适应不断变化的外部环境，谋取自身发展的功能。系统与其存在的复杂环境是密不可分的，任何一个应急供应链集成化管理系统，总是存在于一定的复杂环境之中，并从环境中汲取能量、获得信息。由于应急供应链集成化管理系统的环境非常复杂，并且总在不断变化，这就要求应急供应链集成化管理机制必须具有较强的适应环境的功能。这些功能主要有平衡功能和创新功能。应急供应链集成化管理机制的平衡功能是指应急供应链集成化管理系统在从平衡到不平衡又从不平衡到新的平衡的循环不断、周而复始的过程中向前发展的功能。创新功能是应急供应链集成化管理系统不断接收环境的信息，并且在不断学习中创新的功能，这是一种较高层次的适应功能。

第三节　应急供应链集成化管理机制的内容

应急供应链领域中，应急供应链组织纷繁复杂、应急供应链系统多种多样，这就决定了不同应急供应链集成化管理组织和系统的体制机制也是各不相同的。通过对体制机制特点的分析，可以对应急供应链集成化管理体制机制进行科学分类。应急供应链集成化管理机制的类型非常丰富，根据其在应急供应链集成化管理系统中的功能，可以分为应急供应链集成化管理运行机制、应急供应链集成化管理动力机制和应急供应链集成化管理约束机制三类。这三大类机制的有机结合保障了应急供应链集成化管理系统功能的实现。

一、应急供应链集成化管理运行机制

应急供应链集成化管理运行机制是整个应急供应链集成化管理机制的主体部分，应急供应链集成化管理系统运转得好与不好、顺与不顺，关键在于运行机制。运行机制主要强调的是应急供应链集成化管理各要素的基本职能、运行原理及组合联系方式，其作用在于保障应急供应链集成化管理系统平稳、有序、高效地完成既定目标。运行机制所包含的内容很多，可以划分为应急供应链集成化管理决策机制、应急供应链集成化管理计划机制、应急供应链集成化管理实施机制和应急供应链集成化管理评估机制。

一是应急供应链集成化管理决策机制。决策机制是指应急供应链集成化管理决策系统各组成要素间相互依存、相互制约、相互作用的关系。科学的应急供应链集成化管理决策机制，需要有科学的应急供应链集成化管理决策体制、先进的应急供应链集成化管理决策手段、严密的应急供应链集成化管理决策程序和正确的应急供应链集成化管理决策方法作保障。联合应急行动条件下，如何快速、高效、准确地决策是影响应急供应链集成化管理活动成败的关键因素。

二是应急供应链集成化管理计划机制。应急供应链集成化决策确定之后，下一步的应急供应链集成化管理活动就是制订完善的应急供应链集成化计划和规划。应急供应链集成化规划是长远的应急供应链集成化计划，计划机制是运行机制的重要组成部分。在应急供应链集成化管理实践中，必须要进一步提高应急供应链集成化计划机制的科学性、规范性和有效性，明确应急供应链需求，加强顶层设计，完善统一规划。要紧紧围绕应急供应链集成化管理活动的目标，统筹考虑应急供应链集成化管理活动的总体性、全局性问题，加强对应急供应链集成化管理活动的计划和规划。

三是应急供应链集成化管理实施机制。正确的决策和科学的规划，终究是观念的东西，需要通过实施机制才能把计划变为行动、把设想化为现实。如果没有健全的实施机制，应急供应链集成化计划就只能变为一纸空文，就无法实现应急供应链集成化管理的目标。健全应急供应链集成化管理实施机制，重点要进行科学分工，明确职责权限；完善组织结构，加强横向协调；依靠先进技术，实施灵敏控制。

四是应急供应链集成化管理评估机制。评估在应急供应链集成化管理运行机制中起着承上启下的作用。通过评估，可以反映出应急供应链集成化决策、计划、实施中存在的问题，并为修正决策、规划和实施或再决策、再规划、再实施提供客观依据。在传统的应急供应链集成化管理活动中，评估环节往往被忽视，评估机制的运行受到很大限制。因此，在应急供应链集成化管理实践中解决评估难的问题，必须建立健全各层级、各领域的评估机制，将评估纳入应急供应链集成化管理的全过程。

二、应急供应链集成化管理动力机制

动力机制是推动应急供应链集成化管理活动持续发展的动力源泉。它主要解决在环境不断发生深刻变化的条件下，管理系统如何应对这种变化达到系统与环境适应协调的问题。其主要职能是确保应急供应链集成化管理系统形成持续发展的能力。动力机制的类型很多，主要包括应急供应链集成化目标机制、应急供应链集成化激励机制、应急供应链集成化创新机制等。

一是应急供应链集成化目标机制。该机制强调应急供应链集成化管理活动要围绕目标而展开，把应急供应链组织目标与个人目标密切结合起来，在实现应急供应链组织目标和个人目标的过程中增强人的满足感、调动人的积极性、提升组织的凝聚力。在应急供应链集成化管理实践中，无论是在应急供应链集成化部门单位事务性管理还是在宏观的应急供应链集成化战略管理中，都有一个目标管理的问题，应急供应链集成化目标机制已成为一种重要的动力机制，它对于进一步增强应急供应链集成化管理的科学性和实效性发挥着越来越重要的作用。

二是应急供应链集成化激励机制。应急供应链集成化管理的对象主要是人，人的行为是由动机决定的，而动机是由需要支配的。现代管理科学认为，激励既是行为的钥匙，又是行为的按钮，按动什么样的激励按钮就会产生什么样的行为，经过激励的行为与未经过激励的行为在效果上存在很大的差异。在应急供应链集成化管理中应高度重视激励机制的作用，着眼实现应急供应链集成化管理目标的要求，逐步健全和完善多种手段相配合的激励机制。

三是应急供应链集成化创新机制。应急供应链领域是最需要创新、最忌讳保守的领域，创新成为推动应急供应链集成化管理的强大动力。在应急供应链领域中，创新主要包括理论创新、技术创新、组织体制创新和集成化管理创新等方面。信息化时代，创新不是个别、零散的，而是成体系、成系统的，局部创新难以适应联合应急行动的要求，应急供应链集成化管理必须要强化创新体系，使创新的领域全维化、创新的动力整体化、创新的效能最大化。

三、应急供应链集成化管理约束机制

一个完整的应急供应链集成化管理系统不但要有应急供应链集成化管理运行机制和应急供应链集成化管理动力机制，而且还应具备必要的应急供应链集成化管理约束机制。建立健全应急供应链集成化管理约束机制，就应搞好宏观调控，及时主动地纠正应急供应链集成化管理过程中出现的各种偏差，保证管理功能的正常发挥。要重点建立健全应急供应链集成化管理监督机制和应急供应链集成化管理问责机制。

一是应急供应链集成化监督机制。应急供应链集成化监督机制是指对权力的拥有和运用进行约束的规则设计，是确保权力正确使用的关键。应急供应链集成化管理中之所以屡屡出现有法不依、执法不严的问题，一个重要的原因就是缺乏专门的机构进行有效的监督。在应急供应链发展的重要历史时期，要特别强调加大应急供应链集成化监督机制建设的力度。

二是应急供应链集成化问责机制。基于权责一致的现代管理理念，应急供应链集成化问责机制成为应急供应链集成化约束机制的重要内容。从本质上讲，应急供应链集成化问责机制强调的是权力与责任、利益与义务之间的平衡。它所关注的不仅包含事后追究责任，而且要确保应急供应链集成化管理者在平时的应急供应链集成化管理活动中就要承担相应的责任。通过建立健全应急供应链集成化问责机制，可以最终确立“有权必有责、用权受监督、失职负责任”的应急供应链集成化责任监管系统。

第四节　应急供应链集成化管理机制重点把握问题

应急供应链集成化管理机制顺畅运行应重点把握以下问题。

一、要突出需求牵引

要实现应急供应链集成化管理机制顺畅运行，必须着眼有效保障联合应急行动，以联合应急行动为逻辑起点，以保障联合应急行动需要为根本目标，以联合应急行动应急物资保障需求为牵引，积极构建顺畅高效的应急供应链体系运行机制，为联合应急行动提供精确可靠的物质支撑。

二、要突出全链统筹

要实现应急供应链集成化管理机制顺畅运行，必须综合运用现代供应链理论，统合各专业各领域应急物资保障职能，统一各环节各要素信息网络渠道，打通计划、采购、运输、仓储、配送、回收和经费结算等应急供应链全链路，进一步理顺指挥管理关系、厘清保障职能界面，实现需求提报准确、计划下达快捷、供应调拨精准、保障及时可靠。

三、要突出信息主导

要实现应急供应链集成化管理机制顺畅运行，必须综合运用现代信息网络技术，通过广泛布设自动识别和传感器网络，积极构建应急物联网，加快构建应急供应链信息平台，全链路打通应急供应链保障各环节各要素的信息网络渠道，实现应急供应链需求态势实时感知、保障资源动态可视、保障行动全程可控。

四、要突出军地一体

要实现应急供应链集成化管理机制顺畅运行，必须贯彻国家一体化战略能力建设要求，尽快搭建军地一体化应急供应链信息系统，深度融合国家、军队和地方应急供应链资源，高效协调联合开展应急供应链保障行动，探索创新新型应急供应链保障模式，将应急供应链深深根植于国家强大的综合国力之中。

第五章　应急供应链集成化指挥控制

应急供应链集成化指挥控制，是应急供应链指挥控制的重要组成部分，是应急供应链指挥控制人员依托应急供应链指挥控制信息系统，对应急保障进行的组织、协调、掌握和制约活动。其目的是及时发现和纠正偏差，保证联合应急保障行动始终贯穿上级指挥员决心意图，保障联合应急行动的顺利实施。加强应急供应链集成化指挥控制能力建设，构建科学合理的应急供应链集成化指挥控制体系至关重要。集成化指挥控制是联合应急保障行动的关键环节。重大应急事件情况下，联合应急保障任务的完成，不仅取决于客观的物质基础，还决定于在主观上强有力的集成化指挥控制。只有及时正确的集成化指挥控制、严密细致的组织协同，才能最大限度地发挥应急供应链保障能力，以最小的代价圆满完成联合应急保障任务，保障重大应急事件科学处置的需要。

第一节　应急供应链集成化指挥控制的要求

重大应急事件应急供应链集成化指挥控制是重大应急事件发生时，应急供应链集成化指挥控制人员对联合应急保障行动进行的组织指挥控制人员活动。重大应急事件联合应急保障行动的发展变化对应急供应链集成化指挥控制提出了新的需求，从而加大了应急供应链指挥控制的客观必要性。

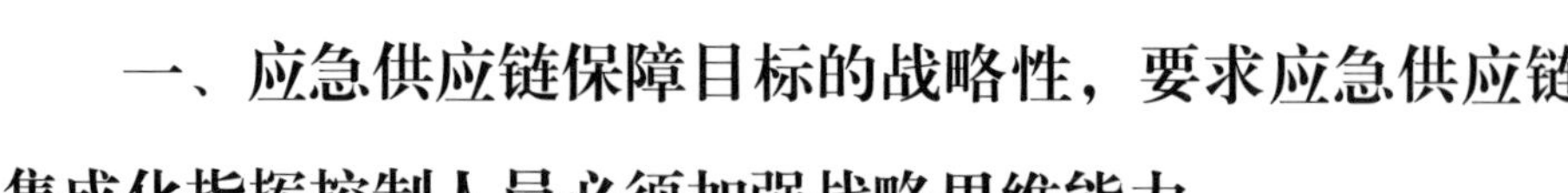

一、应急供应链保障目标的战略性，要求应急供应链集成化指挥控制人员必须加强战略思维能力

拿破仑曾经说过，一头雄狮率领着的一群绵羊，会战胜一只绵羊率领的一群狮子。明代冯梦龙曾说过：“兵在精而不在多，将在谋而不在勇。”重大应急事件发生时，联合应急保障行动的目标具有战略性，应急供应链集成化指挥控制人员必须强化战略意识，关注战略问题，拓展战略视野，展现战略思维，提高战略素养。

二、联合应急保障行动的突发性，要求应急供应链集成化指挥控制人员必须提升应急决策能力

重大应急事件发生时，应急供应链保障需求规模庞大、应急保障时间要求急迫、应急保障对象动态变换、指挥决策时效性强，要求必须完善应急供应链指挥决策机制，提高应急供应链集成化指挥控制人员的应急决策能力。

一要提升随机应变能力。重大应急事件发起突然，应急情况态势瞬息万变，应急处置时机稍纵即逝，这就造成了应急保障情况变化进一步加剧、应急保障活动进程进一步加速、应急保障行动节奏进一步加快，因此应急供应链集成化指挥控制人员必须提升随机应变能力。

二要强化实时指挥能力。该能力就是要能够针对重大应急事件的特殊保障环境、保障对象、保障任务、保障方法，提高应急供应链集成化指挥控制反应速度，减少应急供应链集成化指挥控制占用时间，加快应急保障活动正常运转，做到实时感知并快速反应——所需即所得，从而实现应急供应链实时化指挥控制。

三、联合应急保障行动的体系性，要求应急供应链集成化指挥控制人员必须强化整体协调能力

古希腊哲学家亚里斯多德提出“整体大于部分之和”。中国亦有古语，“善弈者谋势，不善者谋子”。重大应急事件时应急保障任务越来越艰巨、应急保障对象越来越多元、应急保障空间越来越广阔、应急保障力量种类越来越复杂、应急保障方式方法越来越多样，必须树立先进的应急供应链理念，建立前后贯通、左右衔接的应急供应链体系网络，力求应急保障任务形成整体、应急保障计划形成整体、应急保障力量形成整体、应急保障行动形成整体、应急保障安防形成整体，努力实现应急供应链集成化指挥控制。

一要与军队应急保障力量协同。要与军队警勤力量、采购力量、运输力量、仓储力量、配送力量、修理力量等加强协同。应急供应链集成化指挥控制人员要树立联合应急保障意识，充分整合现役保障力量、预备役保障力量和地方动员保障力量，克服涉及单位多、隶属关系复杂、管理难度大、协调要求高的现实难题，力求应急保障力量聚合。要突出应急保障力量整体联动，全面协调应急保障任务、应急保障力量、应急保障资源、应急保障时间和应急保障空间，做到指挥统一、部署衔接、行动一致、整体效能，发挥协同效应，努力实现应急供应链集成化指挥控制高度协同。

二要与地方应急保障力量协同。完成应急保障力量动员扩编补充的准备。根据征集、征用命令，组织动员地方力量，包括人员、车辆、工程机械等，保质保量地完成任务，并在输送工具、输送时限上予以保障。同时，做好应召人员家属的政治思想工作。

四、联合应急保障行动的高耗性，要求应急供应链集成化指挥控制人员必须具备掌握需求的能力

重大应急事件发生时，应急保障规模庞大、应急保障品类繁多、应急保障时间紧迫、应急保障空间广阔，要求以应急保障需求为牵引，力求实现应急保障需求实时可知，进一步完善应急供应链集成化指挥控制计划机制，强化重大应急事件应急供应链集成化指挥控制人员的实时保障需求掌控能力。

一要掌握应急保障需求品种。不同类型的重大应急事件，对应急物资的需求也有较大不同，必须根据应急供应链的特殊需求来确定应急保障需求品种。二要掌握应急保障需求规模。重大应急事件发生时，各种应急物资器材的消耗规模越来越大，必须根据重大应急事件不同规模的不同要求进行应急物资准备。三要掌握应急保障需求时间。重大应急事件的快节奏，必须区分应急保障准备阶段、应急保障实施阶段、应急保障完成阶段不同的应急保障需求，进行灵活准备，努力实现应急保障需求实时感知。四要掌握应急保障需求地点。重大应急事件发生时，保障对象的应急保障需求地点变换的可能性越来越高，应急供应链集成化指挥控制人员必须动态把握。

五、应急供应链保障环境的复杂性，要求应急供应链集成化指挥控制人员必须提高精确指挥能力

重大应急事件类型多样、节奏紧凑，应急保障行动转换频繁，应急保障活动集成化指挥控制重点难以把握，要求必须加强应急供应链集成化指挥控制平台的运用，完善应急保障统一计划、统一行动、统一报送机制，力求应急保障需求实时可知、应急保障资源实时可视、

应急保障行动实时可控，提高应急供应链集成化指挥控制人员的精确指挥能力。重大应急事件一般面临资源迷雾、需求迷雾、过程迷雾和环境迷雾，要求广泛应用可视化技术，综合运用可视化技术，实现应急供应链资源透明、需求透明、过程透明和环境透明，实施“适时、适地、适量、适质、适配”为内涵的精确保障，努力实现应急供应链精确指挥。

第二节　应急供应链集成化指挥控制的原则

应急供应链集成化指挥控制程序，是指应急供应链集成化指挥控制人员根据应急供应链集成化指挥控制的工作内容和时间，依次安排的应急保障各项活动的顺序和步骤。它是集成化指挥控制本质和规律在应急供应链集成化指挥控制活动中的具体表现和客观反映。应急供应链集成化指挥控制人员既要按照一般的程序和内容实施指挥控制，又要根据具体情况灵活掌握，切忌把集成化指挥控制的一般程序视为固定不变的程序。要努力实现复杂事情简单化、简单事情流程化、流程事情定量化、定量事情信息化。

应急供应链集成化指挥控制人员进行集成化指挥控制活动时，通常按照了解任务、判断情况，定下应急保障决心，展开应急保障各项组织准备，检查指导应急保障各项准备工作，组织指挥应急保障行动五个方面依次进行，从而构成一个完整的应急供应链集成化指挥控制过程。

一、总揽全局，突出重点

实施应急物资供应是应急供应链保障工作的主要任务，必须围绕这个中心任务展开工作。在应急物资收发过程中，装卸搬运是关键环节。在应急供应链集成化指挥控制中，要十分注意对装卸搬运的人员、机械、场地等进行合理编组和任务区分，以实现最优化组织，并使之发挥最大保障效能。高素质的应急供应链集成化指挥控制人员，必须有能从众多繁杂的任务中找出重点，并且可随时根据变化了的情况把握新重点的能力，保证集成化指挥控制的正确性。突发重大应急事件时情况瞬息万变，应急保障过程中各项应急保障任务的轻重缓急亦非一成不变。重点寓于全局之中，不把握全局，就不可能掌握重点。重点又是全局的突出体现，不掌握重点，就没办法推动全局。要区分主次，优先保障好重点区域。

二、善于预见，力争主动

善于预见情况的发展变化，既是集成化指挥控制艺术的一种体现，也是避免被动、力争主动的工作方法之一。世间唯一不变的是变化。只有事先预见到可能的发展变化，并采取相应措施，才不会陷于被动。应急保障力量通常远离上级，相对独立，信息渠道少，就更加需要具有一定的预见性。应急供应链集成化指挥控制人员需有较深的指挥造诣和谋略水平，善于观察分析和全面掌握各种情况，及时发现变化征兆，发展有利态势，改变不利态势，发挥其集成化指挥控制的效能。应急情况发生时，情况变化快，应急物资保障重点不是一成不变的，当重点发生变化时，要及时修订应急保障计划，调整应急保障力量，适时把主要的应急力量、应急物资转移到新的应急保障重点上来。在应急供应链集成化指挥控制过程中要十分注意主动与被动的关系，善于通过预见，将被动态势向主动态势转化。一般情况下，应急供应链保障工作具有浓厚的被动色彩。无论是进入应急保障准备阶段、进行应急物资紧急收发，还是派出应急配送中心等，如果没有条件的触发，应急保障活动最终就都无法按某一程式运转。完成应急保障活动的过程，也就是力争主动权的过程，只有在客观条件允许的范围内，及时准确地掌握情况，充分利用各种有利因素，发挥主观能动性，才能夺取应急保障工作的主动权。

三、正确判断，周密计划

突发重大应急事件时，正确判断是应急供应链集成化指挥控制人员科学决策、下定决心的前提和基础。应急供应链集成化指挥控制人员必须根据大量、准确的信息，并对这些信息做去粗取精、由表及时的分析判断，找出规律、抓住重点，定下应对重大应急事件的决心。能不能对主观条件和客观因素做中肯的分析，从中得出正确判断，这不仅是衡量应急供应链集成化指挥控制人员素质的重要标志，也是衡量集成化指挥控制人员指挥艺术的重要标志。实现正确的判断，不仅需要应急供应链集成化指挥控制人员的智慧和才干，而且需要群众的集体智慧和才干。应急情况发生时，应急保障工作任务重、要求高、时效性强，加之人力、物力紧张。因此，必须周密、准确地组织计划，在组织应急物资供应时，应精确计算所需的人员、车辆、装卸搬运机具、收发作业场地等，并科学地进行编组和安排各种保障，力争高效完成收发任务。凡事预则立，不预则废。拟订计划，要认真领会应急保障部门集成化指挥控制人员决心，明确应急保障重点和应急保障部门集成化指挥控制人员要求，使应急保障计划充分体现应急保障部门集成化指挥控制人员决心。要从现有的应急保障环境和应急保障能力出发，使计划建立在切实可行的基础上。派设应急配送中心时，应周密组织人力、物力和运力，迅速装车和开进，按时抵达开设地域。

四、集体决策，高效指挥

决策是否正确是突发重大应急事件时应急供应链保障工作能否顺利进行的先决条件。应急供应链工作是一个内容极为广泛、对象纷繁复杂的有机整体，仅靠某个人谋划决断，是无论如何都办不好的，必须发挥应急供应链集成化指挥控制人员和广大应急保障人员的积极性和创造性。应急供应链集成化指挥控制人员必须树立民主观念，学会使用民主的方法进行集体决策，凡是涉及应急保障工作全局的方案、计划、措施等，只要时间允许，都应广开言路，让党委成员及部门指挥控制人员充分讨论，集思广益、博采众长。由于应急保障任务的突然性、情况的多样性和时间的紧迫性，许多事情必须随时作出判断和决策。这就要求应急供应链集成化指挥控制人员在坚持集体决策的前提下，还要充分发挥个人的聪明才智，提高随机决断和快速应变的能力，以适应应急供应链集成化指挥控制的需要。指挥的高效率，主要表现在应急保障活动的准备和实施的过程中，要善于在极短的时间内，紧张而有序地完成大量复杂的组织工作；要设法减少指挥层次、简化指挥程序，避免议而不决。在集体决策不具备条件时，应急供应链集成化指挥控制人员可做紧急处置并对处置负责，事后再向上级汇报，力求提高集成化指挥控制效率。

五、密切协同，整体合力

突发重大应急情况时，应急供应链可能得到上级加强而配属的警卫、保障、运输、修理及卫生救护等力量的支援，还能得到地方保障力量的支援，这使应急供应链集成化指挥控制关系的复杂性增强。任何一个部门或单位、环节的不协调，都将给整个应急保障工作带来直接或间接的影响。因此，组织严密的协同动作是发挥整体优势、顺利完成应急保障任务的重要保障。应急供应链集成化指挥控制人员不仅要注意建制内的部门与部门、保障实体与保障实体之间的协同，而且要十分注意专业应急保障力量和加强配属力量之间的协同，随时明确各自任务、要求、相互间衔接、支援任务和联络方法等问题。密切的组织协同有助于各个应急保障实体相互支持、密切配合，充分发挥整体优势，协调一致地完成任务。应急情况下的应急供应链组织协同，通常可采用召开应急保障协调会议、集成化指挥控制人员亲自协商、互派代表组织联合办公、利用文电协调和网络计划协调等方法进行。

六、扬长避短，持续指挥

扬长避短，保证重大应急事件时应急供应链集成化指挥控制的不间断是克服各种困难、提高应急保障效能的一项原则。重大应急情况下，应急供应链集成化指挥控制复杂，且情况突然多变。在应急供应链集成化指挥控制的动态过程中，必须尽可能地发挥集成化指挥控制所长，克服一切不利因素，使各项应急供应链保障工作有条不紊地进行。在动态保障过程中，应急供应链集成化指挥控制人员若要保证对各项应急保障活动实施不间断指挥，必须注意其特点，不间断地进行指导，随时加以调整，才能有效地完成应急保障任务。

第三节　应急供应链集成化指挥控制的程序

应急供应链集成化指挥控制程序，是指应急供应链集成化指挥控制人员根据应急供应链指挥控制的工作内容和时间，依次安排的应急保障各项活动的顺序和步骤。它是应急供应链本质和规律在应急保障活动中的具体表现和客观反映。应急供应链集成化指挥控制人员既要按照一般的程序和内容实施指挥，又要根据具体情况灵活掌握，切忌把应急供应链指挥控制的一般程序视为固定不变的程式。要努力实现复杂事情简单化、简单事情流程化、流程事情定量化、定量事情信息化。

应急供应链指挥控制人员进行指挥控制时，通常按照明确应急保障任务、判断应急保障情况，定下应急保障决心，展开应急保障各项组织准备，检查指导各项准备工作、指挥控制应急保障行动五个方面依次进行，从而构成一个完整的应急保障活动过程。

一、明确应急保障任务，判断应急保障情况

一是明确应急保障任务。

了解应急保障任务是判断情况的基础，是应急供应链指挥控制人员从接受应急保障任务就开始的思维活动。其目的是正确理解上级意图，深刻领会上级赋予的任务，为迅速定下应急保障决心提供可靠的

依据。了解应急保障任务，通常包括了解应急保障任务、应急供应链指挥控制人员的决心、上级机关的指示等。

二是判断应急保障情况。

要全面了解应急情况、应急保障环境、上级意图、应急保障资源、应急保障对象和应急保障任务。正确判断是科学决策、定下应急保障决心的前提和基础。应急供应链指挥控制人员必须根据大量准确的信息，做出去粗取精、去伪存真、由此及彼、由表及里的分析判断，找出规律、抓住重点，定下应对应急情况的决心，这是应急供应链集成化指挥控制的重要职责之一。能不能对主观条件和客观因素做中肯分析，从中得出正确判断，这不仅是衡量指挥控制素质的重要标志，也是衡量应急供应链指挥控制人员指挥控制艺术的重要标志。实现正确的判断，不仅需要应急供应链指挥控制人员的智慧和才干，而且需要人民群众的集体智慧和才干。应急保障工作任务重、要求高、时限性强，加之人力、物力紧张，因此必须周密、准确地组织计划。在组织应急物资供应时，应精确计算所需的人员、车辆、装卸搬运机具、收发作业场地等，并科学进行编组和安排各种勤务保障，力争高效完成收发任务。

判断情况是对完成应急保障任务有关的多种情况进行分析并得出总体结论的活动。它是在了解任务、收集资料、掌握与应急保障有关情况的基础上进行的，是应急供应链指挥控制人员定下决心之前的重要环节。目的是判断影响应急保障活动的有利和不利因素，为定下正确的应急保障决心提供可靠的依据。判断情况时，通常主要对应急情况、自身情况、地形、道路、天气、社会情况等情况进行分析判断。要把自身情况搞透，把应急情况搞透，把自然地理情况搞透，把地方情况搞透。

二、定下应急保障决心

应急保障决心是应急供应链指挥控制人员对应急保障目的和行动作出的决定，是应急供应链指挥控制的依据，是应急保障准备阶段应急供应链集成化指挥控制的核心工作，对应急保障活动起重要的指导作用。应急保障决心是应急供应链指挥控制人员在收集信息、了解任务、判断情况的基础上，经过创造性思维所形成的，是主观与客观相结合的产物。定下应急保障决心，既是应急供应链指挥控制人员在应急保障准备阶段的最主要任务，也是整个应急供应链指挥控制过程中最关键环节，有着自身运作的流程和操作方法，通常划分为几个相对独立而又互相联系的环节。

应急供应链指挥控制人员在了解任务、判断情况的基础上，经过综合分析，形成应急供应链保障报告建议，并根据上级指挥控制人员规定的时间、方式和要求向其提出报告建议。

为保证提出的建议具有科学性，应急供应链指挥控制人员要准备多种方案，并利用指挥自动化系统对每个方案进行分析和比较，评估出最佳方案，然后再向上级提出。提出报告建议的方式，通常采取提交材料，或在应急保障会议上口头提出，或直接回答询问。具体采取何种方式通常根据上级的要求而定。

一是提出应急保障初步构想。

应急供应链指挥控制人员提出应急保障决心构想，主要内容包括应急供应链指挥控制机构与指挥控制关系的明确、应急供应链部署方式、应急保障力量编组与配置、地方保障力量的使用规定、应急通信联络与应急保障防卫的组织和完成保障准备的时限等。

二是听取应急保障部门和应急保障力量报告建议。

报告建议要数据准确、重点突出、措施可行。报告建议包括应急保障部门和应急保障力量情况报告、应急保障部门和应急保障力量报告建议以及请示解决的问题。

三是提出应急保障报告和建议。

应急保障报告和建议的基本要素：①应急保障任务、应急保障力量现状和应急保障能力；②应急保障力量部署；③应急物资保障；④应急保障关系；⑤地方物流力量使用；⑥应急通信联络；⑦应急保障安全管控；⑧需要请示解决的问题。

四是形成应急保障决心建议。

对于一些具体的应急保障问题，要充分听取有关业务部门的意见，使应急保障决心更加完善，更加符合客观实际。应急保障决心的内容主要包括应急供应链现状、应急保障任务预计、应急保障能力和可能达到的应急保障程度；应急保障初步决心；需要请示解决的问题。

应急保障报告和建议是应急供应链指挥控制人员就应急保障活动的主要问题向上级指挥员提出的报告和建议。目的是通过向上级主管首长汇报应急供应链现状和应急保障措施，既为上级指挥控制人员形成应急保障决心提供现实情况依据，也为制定各项应急保障措施打下基础。

三、展开应急保障各项组织准备

应急保障组织准备（计划），是应急供应链指挥控制过程的重要环节，是保证应急保障决心贯彻执行的重要步骤，是应急保障决策的延伸和展开。组织准备（计划）是一项周密、细致、准确、保密性很强的工作，必须在应急供应链指挥控制人员统一指挥下，密切协调，有效地展开工作。应急保障各项组织准备主要包括以下几方面。

一是拟订应急保障计划。

应急保障计划是为确保应急供应链顺畅运作而对应急保障活动作出具体设想的指挥性文书，是应急保障机关用于计划应急保障活动的内部工作文书，是组织实施应急保障活动的直接依据。应急供应链保障计划既是应急保障决心的具体体现，也是组织实施应急保障的基本依据。应急供应链指挥控制人员定下应急保障决心后，应指示应急保障部门迅速制订应急保障计划。应急保障计划主要包括应急保障力量部署计划、应急物资保障计划、应急保障协同计划、应急保障通信计划和地方物流力量动员使用计划。应急保障计划的拟制要注意贴近应急保障环境、贴近应急保障任务、贴近应急情况实际。

二是拟定下达应急保障指示。

在拟订应急保障计划的同时，应急供应链指挥控制人员应指示有关人员拟定应急保障指示，下达给各应急保障单位执行。应急保障指示的拟定，要力求迅速准确、简明扼要，以便下级理解执行。

三是组织应急保障力量紧急扩编。

应急保障力量紧急扩编是根据上级指示或扩编计划，进行应急保障力量扩充或增建的一项勤务活动。通常是扩充原建制单位，增编押运、装卸、运输等分队。扩编数量由上级根据应急保障任务、现有应急保障力量、装卸运输条件等情况确定。应急保障人员和应急保障装备扩编主要包括扩编单位、应急保障人员和主要应急保障装备的数量，补充应急保障人员的地区和集结地点，组织实施方法、步骤和完成扩编时限，扩编中的组织指挥控制人员和各项勤务等内容。在组建应急保障力量的扩编方面，主要是应急保障力量的编制、装备补充要按上级指示、应急保障基地参与的扩编，它是充实和加强应急保障力量，完成应急保障任务的重要保证。应急保障力量扩编，人员补充数量大、专业技术性强、组织工作复杂，因此，应急保障必须周密计划，充分准备，严密地组织实施，保证迅速完成应急保障力量扩编任务。当接到上级关于扩编的指示后，应急供应链指挥控制人员应立即组织有关部门研究拟订扩编计划，扩编计划包括确定扩编的单位、人员的来源、征集地点及组织方法等。

四是开设应急供应链指挥控制机构。

通常由应急供应链指挥控制人员或上级应急供应链指挥控制人员确定，有时也可由应急供应链指挥控制人员提出建议，应急供应链指挥控制人员或上级指挥控制人员批准。为确保应急供应链指挥控制的安全和顺利实施，开设前应对预定开设地点进行勘察。时间紧迫或条件不允许时，可先在地图或沙盘上研究，待行动时边勘察、边进入、边开设。应急保障指挥所一般包括基本指挥所和预备指挥所。

通信联络是组织实施不间断应急供应链指挥控制的重要保证。应急供应链指挥控制人员应根据上级的应急通信计划，拟制应急保障通信计划，按计划迅速组织好应急通信联络，尽快汇通对内外的联系。必须采取多种应急措施，确保应急通信联络的可靠顺畅。

五是组织应急保障协同联动。

应急保障协同是为实现应急保障决心，根据统一的应急保障计划，组织应急保障力量，按照应急保障任务、目的、时间、地点进行的协调活动。严密组织应急保障协同是实现集中统一指挥控制、提高应急保障系统结构的有序性、发挥应急供应链整体功能的有效途径。应急供应链涉及面广、关系复杂，应急保障协同尤为重要。

应急保障协同贯穿全过程。应急保障准备阶段，要根据应急保障计划，拟订应急保障协同计划。应急保障实施过程中，要按照应急保障协同计划保持协同。当应急情况发生变化时，应随时根据变化了的应急情况，及时修正应急保障协同内容、方法或组织新的应急保障协同。

应急供应链协同主要包括各主要保障阶段各专业编组的行动与协同方法；处置各种应急情况时的行动与协同方法；完成应急保障任务的主要措施；与友邻、保障对象和应急保障力量的协同方法；有关信（记）号规定等。一般分计划协同、会议协同、临机协同。还可分为文电协同、现地协同、沙盘协同、联合办公、互派代表、个别协商等。

应急供应链内部协同，主要由应急供应链指挥控制人员组织，各部门和单位指挥员参加，必须明确以下几个方面：力量编组、任务区分；装卸、运输相互间的衔接；各编组的相互支援与配合方法；基地保障力量与机动保障力量之间的配合；应急防卫处置措施；联络信号及方法的规定。应急保障力量与友邻单位的协同，要根据上级的指导和具体的情况适时组织，经常沟通联络、传递信息。尤其在应急保障任务艰巨、与上级通信联络中断的紧急情况下更应主动联系，争取得到友邻单位的支援。

六是组织应急供应链通信保障。

充分利用、发挥应急供应链现有通信人员、设备的作用，并按照需要请示给予加强，尽快把应急供应链的有线电、无线电网络建立健全起来，与上下有关机关和部门以及应急保障力量沟通并经常保持联络，确保应急供应链实施不间断的指挥。综合运用应急通信装备、固定通信装备、地方通信设施，建立应急供应链指挥控制信息系统。应急供应链指挥控制信息系统要顺畅、高效、准确、保密。

七是组织应急供应链安全管控。

组织应急供应链安全管控是指挥员组织计划应急供应链保障的一项重要工作。应急供应链指挥控制人员应根据上级指挥控制人员对安全管控工作的指示，把应急供应链安全管控纳入整体安全管控计划，组织应急供应链安全管控。

四、检查指导各项准备工作

为保证应急保障准备工作按时完成，应急供应链指挥控制人员应适时组织有关人员深入应急保障力量进行督促检查和指导。对检查中发现的问题应及时解决，对一时解决不了的要限时解决，并将完成应急保障准备工作情况和需要解决的问题及时向上级指挥控制人员和指挥机关报告。应急供应链指挥控制人员应认真组织检查，及时发现和解决问题，务必使各项准备工作真正落到实处。检查指导的主要内容包括：对应急保障命令、指示和协同事项的理解和执行程度；各种应急保障措施是否得力；各项工作进展是否按计划进行；对应急保障工作的建议和要求。

五、指挥控制应急保障行动

指挥控制应急保障行动是应急供应链指挥控制人员落实应急保障计划、实现应急保障决心的活动，是应急保障活动组织过程中的关键环节。能否最终实现应急保障决心，关键取决于能否有效地指挥控制应急保障活动。因此，应急供应链指挥控制人员应根据应急保障实施阶段应急情况变化急剧、协同难度大等特点，始终保持冷静的头脑，紧紧围绕实现应急保障决策目标，实现不间断的、正确的应急供应链指挥控制。

一是准确掌握应急情况。

应急供应链指挥控制人员要做到及时、准确掌握应急情况，就必须加强与上级指挥员的联系，采取多渠道、多途径、多手段掌握应急情况。其重点是：应急保障的发展变化、应急物资消耗情况、应急供应链指挥控制人员的意图；各应急保障力量的应急保障行动及对应急物资保障的要求。

二是及时采取应急措施。

由于应急情况复杂多变，预先制订的应急保障计划不可能完全符合应急情况的发展变化。这就要求应急供应链指挥控制人员应根据变化了的应急情况和应急供应链指挥控制人员的决心、指示应急保障力量对应急保障活动的实际需求，适时修改和调整保障计划，及时变更应急保障部署，调整应急保障力量，采取积极的应变措施，使应急保障计划更加符合实际，满足不同需求。

三是动态协调保障行动。

应急保障过程中，由于应急情况变化急剧，应急保障任务和应急保障对象都将发生较大变化，应急供应链协同往往也随着这些变化而超出原协同计划，有时甚至可能完全不能执行原协同计划。这就要求应急供应链指挥控制人员，要随时了解掌握应急保障任务的变化和进展情况，掌握应急保障力量的保障情况，并根据应急情况变化及其对应急保障活动的影响程度，及时主动地组织调整应急保障力量的保障行动，提高应急保障效率。

第四节　应急供应链集成化指挥控制重点把握问题

要做好重大应急事件应急供应链集成化指挥控制，就需要重点把握以下几个问题。

一、优化应急供应链集成化指挥控制机制

一是指挥机构要精干。重大应急事件联合应急保障行动需求多元、内容多样、环境多变，传统的逐级指挥、层层协调指挥模式不能完全适应当前应急供应链联合保障需要，必须构建要素齐全、运转高效的应急供应链一体化集成化指挥控制机制，优化应急供应链集成化指挥控制流程。按照与应急供应链集成化指挥控制相一致的原则，建立横宽纵浅、军地结合的应急供应链集成化指挥控制体制，使应急供应链集成化指挥控制机构与应急行动集成化指挥控制相适应、与应急供应链保障需求相匹配、与军地联合应急保障相协调，达到各集成化指挥控制环节互联互通、信息共享，实现应急供应链集成化指挥控制与应急行动及军地指挥一体联动。

结合重大应急事件时的保障对象和保障任务实际，建立应急供应链集成化指挥控制机构，进行科学决策；应急供应链集成化指挥控制机构以应急供应链集成化指挥控制人员为主编制，吸收政府有关部

门、军队有关部门和地方动员力量有关人员参加，根据上级指示，统一调控应急保障力量和应急保障资源，统一集成化指挥控制应急供应链联合保障行动。集成化指挥控制机构人员由国家、军队、企业集成化指挥控制人员构成。在人员构成上强调精干，在装备设施上强调精良，在组织建设上强调合成，在应变能力上强调灵敏，在集成化指挥控制手段上强调智能。要实现统一计划、统一组织、统一指控、统一保障。

二是力量编组要合理。根据重大应急事件时应急供应链担负的应急保障职能任务，可在应急供应链集成化指挥控制机构内设置以下编组：交通运输保障组，组织抢修道路、桥梁、机场、直升机停机坪等交通设施，综合运用铁路、公路、航空等多种方式，将应急保障人员、应急保障装备和应急物资等快速投送到指定地域；应急经费物资供应组，充分利用军地应急保障资源，积极筹措储备充足的经费和被装、油料、给养等装备应急物资器材，在第一时间足额供应保障到位；医疗救护组，合理使用卫勤力量，确保伤员救得下、治得好；应急保障力量野营保障组，保障应急保障力量住宿、供水、供电、取暖、卫浴等需求；地方力量动员组，指挥协调地方卫生、交通运输等支前力量，对承担应急情况处置的军地应急保障力量实施支援保障。应区分不同级别、不同类型应急保障力量，在应急供应链集成化指挥控制中心内酌情设置指挥决策、综合计划、信息采集、应急物资供应、装备抢修、医疗救护等模块，实施一体指挥、维修、供应、救护，聚合保障力量，提升保障效益。

要定人、定岗、定位、定编。力求做到规模适度、机构精干、要素齐全、重点突出、反应灵敏。在应急保障人员抽组上，要注意综合技能；在应急保障装备抽组上，要注意综合效能；在应急保障人员与应急保障装备的组合上，要注意科学化。应急保障人员要合理编组，优化匹配；一专多能，一人多用；专业互通，技术互补。应急保障装备要单元化、组合化、车载化、多功能化，机动性强，操作方便，性能稳定，适应应急环境。要注重人装结合。人装结合要科学，结构比例要合理，保障功能要配套，集成化指挥控制要顺畅。应急供应链保障力量编组可分为综合计划协调组、紧急收发保障组、装备维修保障组、应急配送保障组、警戒防卫组、应急通信组、地方力量动员组。

三是指挥关系要理顺。要建立集中统一、纵向衔接、横向协调的指挥关系，一切保障行动均由应急供应链基本集成化指挥控制中心统一计划和组织实施，应急保障力量集成化指挥控制中心和应急供应链基本集成化指挥控制中心构成纵向指挥关系，同级集成化指挥控制中心之间形成既独立运行又相互合作的横向协调关系。同时，要根据不同类型的集成化指挥控制关系和保障方式、保障规模和保障强度，明确各级应急供应链保障部门之间的权限划分，提高应急供应链集成化指挥控制的灵敏度和准确性。要尽快研究建立科学的运行机制，明确应急供应链集成化指挥控制关系，防止出现关系不清、职责不明、多头指挥、互相推诿等问题。

二、完善应急供应链集成化指挥控制信息网络

一要加强应急供应链一体化集成化指挥控制平台建设。按照“标准、融合、智能”的要求抓好应急供应链集成化指挥控制中心升级改造，完成应急供应链集成化指挥控制专网和一体化集成化指挥控制平台建设，组织开展应急供应链集成化指挥控制信息系统建设，实现应

急供应链集成化指挥控制信息系统常态化运行。应急供应链一体化集成化指挥控制平台包括若干个集成化指挥控制方舱，由视频传输系统、卫星导航系统、北斗集成化指挥控制系统等组成，综合集成了无线通信、卫星通信、程控通信等通信方式，融合应急供应链信息数据，实现信息有效共享和信息实时传输。

二要完善应急供应链信息基础设施建设。采取嫁接、嵌入等方式对现有应急保障装备和应急保障设施进行信息化改造，为应急保障力量配备卫星车载终端和综合接入设备等通信指挥装备器材，配发部分通信装备器材，构建设施齐全、功能多元的应急供应链集成化指挥控制信息平台。做好综合信息网络骨干节点及传输系统扩容改造，完成应急供应链集成化指挥控制中心通信系统联网工程，建设应急供应链指挥监控网络数据平台，提高应急供应链集成化指挥控制的通信保障能力。应整合应急供应链集成化指挥控制的通信网络。综合运用多种手段，抓好军用民用、有线无线和应急通信等多种手段融合，配备有线、无线、卫星等通信装备，加强应急野外条件下指挥通信手段建设，建成上下互联、军地贯通的高效安全顺畅的集成化指挥控制通信网络，强化对遂行保障力量的动态指挥，切实加强应急供应链数据中心建设。完善应急供应链集成化指挥控制网络、综合信息网络服务保障体系，丰富信息服务内容，提供资源导航、搜索引擎和应用服务，及时采集、储存、更新各类数据，提高数据的准确性和保鲜度，逐步构建以需求为牵引、以数据为支撑、以用户为中心的信息服务保障体系，解决有软件缺数据、有数据难共享的问题。

三要补齐配套应急供应链通信指挥装备器材。为应急供应链优先编配应急保障作业车、应急保障指挥作业方舱、卫星指挥终端等骨干指挥装备，确保应急保障设施器材完善配套，为随时遂行联合应急保障任务和实施应急供应链集成化指挥控制提供有力保障。

三、加强应急供应链联合保障演练

建立强大的应急供应链，锻造强大的应急保障能力，必须大力加强应急行动联合保障演训。从应急需要出发，从难、从严训练应急保障力量，是提高应急供应链整体保障水平的根本途径。

一要建立训练制度。应急供应链联合保障训练科目主要包括集成化指挥控制训练、专业技术训练、共同科目训练。应急供应链联合保障训练的实施可结合保障任务训练、短期集训、岗位练兵、合成训练。

二要组织综合演练。经常组织贴近应急情况的应急供应链联合保障演练，创造条件在实践中增长指挥才干。要多创设应急供应链联合保障演练的急局、难局、险局、危局，多些“意料之外”，少些“意料之中”。

三要总结经验教训。抓住组织应急保障力量参加抢险救灾等应急情况处置行动的机会，认真研究应急供应链联合保障经验，增长应急供应链集成化指挥控制的谋略与才能。应及时总结应急保障经验教训。坚持干中练，要将每次平时供应保障活动均视同应急保障。

四、搞好应急保障力量的一体指挥

重大应急事件发生时，联合应急保障任务将相当繁重，需求量大、涉及面广，仅靠当地应急保障力量已难以完成联合应急保障任务，必须依靠国家、军队乃至国际支援等多方面的应急保障力量来实施全社会的应急供应链支援保障。未来应急处置必须要树立国际供应链、国家供应链、全民供应链、军地结合供应链的“大供应链观”，坚持平急结合、军地一体。因此，要搞好军地应急保障力量的一体指挥，尤其是要抓好指挥机构的一体化建设、信息系统的互联互通、应急保障力量的协同运用和平时应急保障的融合演练。

第六章　应急供应链采购集成化管理

应急采购是应急供应链的初始环节，事关应急供应链集成化管理全局。应急采购在政策制定上涉及政府和军队两大系统；在制度落实上，涉及应急供应链有关部门和应急物资需求单位。应急采购法规的制定、应急采购目录的拟制、应急采购活动的职能划分、应急采购关系的协调等工作，都需要各部门之间相互配合、密切协作。必须借鉴地方或外国的先进经验，结合我国实际，从应急供应链集成化管理的高度重新审视应急采购，不断改进应急采购的各项集成化管理工作，实施应急采购。应急采购集成化管理是应急供应链集成化管理的重要内容之一。应急采购集成化管理能够切实增强应急供应链的系统性和集成性。

第一节　应急供应链采购集成化管理概述

要想搞好应急供应链采购集成化管理，首先应全面把握应急供应链采购集成化管理的深刻内涵和基本特点。

一、应急供应链采购集成化管理的概念

应急供应链采购集成化管理是一种系统性的、基于应急供应链集成化管理的应急采购管理方法。应急采购集成化管理是在充分了解应急物资供应商资源、全面把握应急物资需求单位实际需求的基础上，以系统化的应急采购法规为准绳，以科学化的应急采购计划为基础，

以标准化的应急采购目录为依据，以网络化的电子应急采购为主要手段，以规模化的集中应急采购为主要模式，以规范化的招标应急采购为主要方式，以提高应急采购整体效益、降低应急采购总成本为根本目标，由应急采购机构组织实施的应急采购管理模式。

二、应急供应链采购集成化管理的特点

一是应急采购主体的特定性。

应急物资采购的主体是各级应急保障部门和应急保障力量。这里所说的“各级应急保障部门和应急保障力量”，可以从广义和狭义两个方面来理解。广义上的应急物资采购主体是指所有依法参与应急物资采购活动并享有应急物资采购权利和承担应急物资采购义务的有关单位，具体包括应急物资采购管理主体、应急物资采购操作主体、应急物资采购需求主体和应急物资采购监督主体。广义上的应急物资采购主体不同于一般的地方物资采购主体，在某些方面具有优先权，如先行处置权、获得社会协助权等。狭义上的应急物资采购主体仅指应急物资采购需求主体，也就是提出应急物资采购需求的各有关单位。

二是应急采购资金来源的公共性。

应急物资采购经费来源于国家财政专项拨款，是由纳税人的税收形成的公共资金，应急物资采购经费具有公共性。

三是应急采购目标的应急性。

应急物资采购是将市场上的应急物资转化为应急保障力的重要桥梁和纽带，其根本目的是为生成和提高应急保障力服务，本质上是一种由专门的应急物资采购机构遂行的应急保障活动，以满足应对应急事件的应急物资需要，是一种应急行为，具有严格的时效性，追求应

急保障效能是其首要的任务和目标。

四是应急采购实施的有限公开性。

由于应急性的特点，应急物资采购活动具有有限的公开性。虽然满足应急事件需求的一般日常消耗的应急物资特别是可公开采购的部分应急物资，可以依据政府采购的一般规则，按照市场规则和竞争机制，公开、公平、公正地组织运作，进行公开性招标采购，通过平等竞争实现最佳采购效益，但是用于应急保障特殊需求的应急物资在数量上、规格上具有特殊性的特点，这就决定了应急物资采购活动在交易行为的选择上具有有限公开性的特点。这种特点决定了在应急物资采购方式的选择上与一般政府采购有所不同，大多数应急物资采购是通过谈判而不是通过公开招标进行的。

五是应急采购任务的强制性。

应急物资采购是为应急行动而进行的应急物资采购和积累活动，这种实行保障应急物流需要任务的基础地位决定了应急物资采购行为和任务的完成具有强制性。与政府采购相比，应急物资采购拥有优先权，可依法实行国家订货，强制有关企业按照特定要求组织生产和供给，任何时候、任何个人都不得阻碍和延误应急物资采购行动。

三、应急供应链采购集成化管理的原则

应急供应链采购集成化管理的原则贯穿于整个应急采购过程，是实现应急物资采购目标的重要保证。应急采购除遵循竞争性原则，公开、公平、公正性原则，诚实信用原则，合法性原则等一般性原则外，还必须遵循一些特有原则。

一是需求导向原则。

应急采购必须始终贯彻服务应急供应链体系建设、保障应急行动需求的宗旨，遵循需求导向原则，即在特定时期或指定时间内，根据应急物资需求部门对采购的应急物资提出具体数量和质量上的标准需求，严格按照应急采购制度要求，通过应急物资采购计划调控机制对应急物资采购项目进行筛选和论证，并在实施应急采购活动的过程中进行精确性选择，选取最适合保障的应急物资进行采购。这样做的最终目的就是通过事前有效的计划和论证，减少应急物资采购过程中的人为失误和不必要的资金损失，最大限度地提高应急物资保障的有效程度。

二是集中管理原则。

集中管理是指集中应急物资保障需求、集中应急采购资金使用、集中组织应急采购活动、集中应急采购经费结算。集中管理有利于统一协调和合理配置应急物资资源，提高应急物资采购效率，节省应急物资采购费用，保证应急物资质量，抑制不合理应急采购需求，抑制腐败行为。

三是三权分离原则。

三权分离原则是指在应急物资采购活动中，将计划供应、采购组织、经费管理三者分离，形成分工合理、相互制约、相互配合的应急物资采购机制。这既是政府采购制度的普遍原则，也是应急物资采购制度的基本原则。在实行应急物资采购时，应使应急物资采购计划分配权、应急物资采购经费预算支付权、应急物资采购实施管理权相互分离，由应急保障部门提出需求，应急采购机构组织采购，应急资金结算机构集中支付，审计部门实行监督，建立一个相互依赖、相互配合、相互制衡的监督控制机制，使应急物资采购活动更加公开化、透明化。

四是分段管理原则。

长期以来，我国的应急物资采购工作，基本上是各家管各家的，而且往往是一个部门从头管到尾。这种做法缺少有效的监督制约，在市场经济的条件下，比较容易出问题。应急物资采购管理的一个核心内容就是要变“一家管到底”为“多家分段管”，形成分工协作、相互制约的运行机制。

五是集中采购为主原则。

应急物资采购要实行应急物资综合采购机构和应急物资专业采购机构相结合，以应急物资综合采购机构集中采购为主的原则。此项原则要求应急物资采购业务要集中归口管理，由应急物资综合和专业采购机构集中应急物资需求，形成应急物资采购规模，以一个整体面向市场，实施专业化集中采购，从而最大限度地提高应急物资采购效益和效率。集中采购是实现应急采购规模效益的保证。

六是有限公开竞争原则。

竞争是提高应急物资采购效益的重要途径，据专家估算，竞争性采购可以产生 20%左右的净节约率。但是由于应急物资的特殊性，除部分应急物资适合公开采购外，还有大量涉及国家安全的应急物资采购不宜公开招标采购，因此，应急物资采购的公开程度相对有限，应急物资采购市场的开放范围也较为特定，应急物资采购活动的透明度更是相对的。应急物资采购只能是有限地开放应急物资采购市场，主要采取竞争性谈判、单一来源采购等非完全公开竞争的方式实施应急物资采购，只有军民通用的应急物资，方可引入竞争机制，实施公开招标方式进行应急采购。

七是集中支付原则。

为了有效控制应急物资采购资金的流向和流量，应急物资采购资金的支付必须遵循集中支付的原则，即按照预算管理级次和经费审批权限，采取由应急资金结算机构集中统一直接支付为主要的应急物资采购资金支付方法。

八是安全保密原则。

应急物资采购要严格遵循保密性要求。无论采购何种应急物资，采取何种采购方式，无论是面向国内还是国外供应商实施采购，都必须以保证国家安全为前提，不得以追求经济效益最大化为借口，变相违规操作，无条件地扩大开放应急物资采购市场，过度引入或滥用市场竞争机制，不加选择地使用社会中介采购机构，造成国家秘密的泄露，危害国家安全。

四、应急供应链采购集成化管理的现实意义

由于新时代联合应急行动的迫切需求和全面建设现代应急供应链体系的不断深入，应急采购集成化管理方面存在的问题越来越受到各级部门的重视。必须借鉴地方或外国的先进经验，结合我国实际，切实加强应急采购集成化管理。深入研究应急供应链应急采购集成化管理，具有十分重要的理论价值和实践意义。

加强应急供应链应急采购集成化管理是落实全面建设现代应急供应链体系的具体体现，对于解决当前应急采购集成化管理中存在的现实问题，提高应急供应链应急采购整体集成化管理水平，促进应急采购效能提升，更好发挥应急采购经费使用效益，都具有重要意义。

一是有利于推进应急采购集成化管理创新。

要适应世界应急供应链体系发展新趋势和我国应急供应链发展新要求，必须推进应急理论、应急技术、应急组织、应急管理创新。应急采购集成化管理创新作为应急管理创新的重要组成部分，其创新的方向之一就是实现从模糊管理向精确管理的转变。而应急采购集成化管理是实现精确管理的重要手段和必经阶段，因此开展应急采购集成化管理是推进应急采购管理创新的必然要求和实际举措。

二是有利于提升应急采购成本控制水平。

建设资源节约型社会，是党中央、国务院根据我国基本国情和新时代新阶段社会经济发展需要做出的一项重大决策，而创建资源节约型应急采购是落实党中央、国务院这一战略部署的重要举措。在应急采购过程中，浪费现象随处可见、屡禁不止，管理不规范、执行力低下是导致这一问题的重要原因。因此，必须增强应急采购集成化管理意识，提高应急采购集成化管理水平，防止“跑、冒、滴、漏”，强化节约意识，普及节约知识，落实节约制度，制定节约措施，推动资源节约型应急采购建设。

三是有利于提高应急采购综合效益。

应急采购集成化管理要适应应急供应链体系建设的要求和联合应急行动的需求，必须大力推行应急采购集成化管理模式创新，切实转变传统管理模式，不断提高应急采购集成化管理的质量和效益，走出一条投入较少、效益较高的应急采购集成化管理的路子；必须与时俱进、开拓创新，不断完善应急采购集成化管理机制，创新应急采购集成化管理方法，提高应急采购集成化管理水平。当前，建设领域存在着两个严峻的矛盾：一是建设需要与资源制约的矛盾；二是建设经费短缺与部分应急采购经费未能有效发挥作用的矛盾。对应急采购而言，这两对矛盾同样存在，且更为严峻。效益，就是要谋求以最少的投入获取最大的产出。必须确立效益优先观念，不断创新应急采购模式，坚定不移走投入较少、效益较高的应急采购应急保障道路。因此，应急采购必须开展应急采购集成化管理，合理配置并节约使用应急采购经费，严格落实应急采购制度，提高应急采购效益，才能协调好这两对矛盾，提高应急采购的应急效益、政治效益、社会效益和经济效益，促进应急保障力的生成。

四是有利于解决应急采购集成化管理现实问题。

近年来，随着应急采购任务的逐年增多和应急采购经费的逐年增加，从有关部门到各相关部门都对应急采购集成化管理提出了很高的要求，出台了一些应急采购管理制度，进行了一些改革尝试，并初见成效。但应急采购集成化管理仍然存在不少问题，如执行应急采购计划不严，随意调整应急采购项目；概算、预算、决算制度不健全，报表虚数较多，致使概算、预算、决算形同虚设；招投标控制不严；应急保障部门和应急采购集成化管理部门职责分工不合理，应急采购监督职能发挥不足；应急采购人员素质参差不齐，综合素质偏低，集成化管理水平有限，等等。这些问题的存在和发展，严重影响了应急采购集成化管理的进程，迫切需要加强研究、进行规范，不断优化应急采购集成化管理体制，完善法规制度，改进应急采购集成化管理方法，规范各种应急采购集成化管理行为，按照应急采购法规制度实行全过程、动态化管理。

第二节　应急供应链采购集成化管理的具体程序

应急供应链采购程序是应急供应链采购活动各环节的先后次序，是保证应急供应链采购顺利进行的方法，也是应急供应链采购集成化管理的手段。应急供应链采购要按照规范化的应急采购程序来组织，只有建立起科学的应急采购程序，引导应急供应链上商流、物流、信息流、资金流的合理流动，才能缩短应急采购周期，提高应急采购效益。一般来说，应急采购是由以下环节按程序进行的：需求单位编报应急物资采购预算和计划，相关应急保障部门将应急采购计划汇总下达，应急采购机构组织实施应急采购，应急采购机构和需求单位共同组织质量验收，应急资金结算部门最终实施资金集中支付。每一个环节、每一个流程的推进，都犹如流水作业，从前至后均按程序进行。哪一个环节由哪个部门负责，哪一个阶段由哪个部门履行职责，都应一环紧扣一环，相互促进，相互制约。应急供应链采购必须按照规范程序严密组织实施，才能实现保质量、保廉洁、保效益、保服务的目标。合理化的应急供应链采购程序设计必将达到事半功倍之效。

一、合理确定应急采购需求

应急采购需求是根据任务性质等情况确定的。按照任务需求和经费预算集成化管理级次，各级应急保障部门和单位在编制应急保障经费预算时，一并编制应急采购需求预算明细，并按应急资金集成化管理程序报批。应急物资需求部门根据批准的应急保障经费和工作编制应急采购需求计划，以文本加表格的形式，送本级应急采购集成化管理部门汇总。应急采购需求计划应当与应急资金结算部门核准的内容相一致，如有变更，应急物资需求部门须将应急采购需求计划提交应急资金结算部门核准同意，并在上报需求计划时予以说明。大宗应急采购项目、需纳入上级应急采购部门集中采购的项目，应由本级应急采购部门汇总上报。有关部门和各军种应急物资需求部门把新年度需要采购什么、采购多少、花多少钱，编成应急物资需求计划，由应急资金结算部门汇总、审核后报批，这一方面有利于统筹考虑任务、应急采购与经费安排，另一方面有利于从源头上加强对应急采购工作的战略调控，防止随意性。

二、及时下达应急采购计划

应急采购计划由各级应急保障部门负责归口编报并下达。应急采购计划的内容主要包括：应急采购物资的具体名称、规格型号、计量单位、数量、单价、预算金额、质量技术标准、交货期限、应急采购方式等。若因执行紧急战备、抢险救灾等应急机动任务，确需应急采购时，应急物资需求部门可直接向应急采购部门下达应急采购计划，并送同级应急资金结算部门、应急保障部门备案，这样有利于合理分配应急采购任务，扩大应急采购规模，提高应急采购效益。

三、严密组织应急采购活动

应急采购的组织实施是整个应急采购的中心环节。应急采购由应急采购机构具体组织实施。应急采购机构根据上级下达的应急采购计划，制定应急采购实施方案。应急采购实施方案主要包括应急采购组织计划安排、人员分工与职责，以及市场调查、应急物资供应商考察，招标文件的编制、发售，投标文件的受理，评标专家的抽取，开标评标的组织，合同的签订等实施步骤与时间安排等内容。采用招标方式的应急采购，应按照应急物资招标集成化管理有关规定执行。其他方式的应急采购，应成立由应急采购机构代表和有关专家组成的谈判、询价小组，按照有关规定组织实施。应急采购机构确定拟签约的中标应急物资供应商或候选应急物资供应商后，向应急物资需求部门提交评审或洽谈报告、应急采购合同草案，并与经应急物资需求部门确定的应急物资供应商订立应急采购合同。应急采购合同的签订要按照国家和地区的有关法律法规的要求进行。正式合同副本须报应急资金结算部门、应急物资需求部门、应急采购集成化管理部门备案。

四、全面履行应急采购合同

应急采购合同是由应急采购机构与应急物资供应商依法订立的书面合同。应急采购合同一般应包括：当事人的名称与住所，产品名称、品种、规格，产品质量，应急采购数量和计量单位，价款，包装方式，交货期限、地点、方式，验收方法及期限，结算方式和期限，违约责任，合同解除，争议解决办法，合同生效条件等条款，以及当事人双方认为需要约定的其他条款共 16 项内容。这些条款既相辅相成、互为补充，又各自相对独立、缺一不可。应急采购机构应当将合同草案报有关应急保障部门审查，应急保障部门审查后再送交应急资金结算部门，应急资金结算部门对有关经费条款进行审查，并将审查结果通知应急采购机构。自应急保障部门收到合同草案之日起 8 个工作日内，应急保障部门和应急资金结算部门均无异议的，应急采购机构与应急物资供应商签订正式合同，并将合同副本报应急保障部门和应急资金结算部门备案。应急采购合同一经签订，不得擅自变更、中止或者终止。应急保障部门确需变更合同的，应当以书面形式明确变更内容，涉及经费条款变更的应送应急资金结算部门审查，无异议后通知应急采购机构与应急物资供应商协商。协商一致的，订立书面变更协议，协商不一致的，仍按合同约定履行。应急物资供应商提出变更应急采购合同的，应急采购机构应当提出处理意见，并及时报有关应急保障部门确定。应急采购机构应设立合同集成化管理部门或岗位，进行规范的应急采购合同集成化管理。在实施应急采购时与应急物资供应商签订严格的应急采购合同，应急采购合同的履行由应急采购机构监督应急物资供应商按照应急采购合同条款组织实施。在履行应急采购合同过程中，应急采购机构应当按照应急采购合同条款，定期走访应急物资供应商，了解应急物资生产进度，协调解决应急采购合同履行中的有关问题，监督应急物资供应商履行应急采购合同。在履行应急采购合同的过程中，遇有合同变更、合同转让、合同中止或终止等情况时，应严格按照《中华人民共和国合同法》办理。

五、适时验收应急物资质量

应急采购机构应建立健全质量检验制度，确保应急物资质量合格。应急物资在生产过程中和出厂时的质量检验，由应急采购机构协同应急物资需求部门等有关部门组织实施。应急物资到货的验收，定型产品、一般产品由应急物资需求部门（收货单位）按照供货合同规定的质量技术标准自行验收；非标准或有特殊要求的应急物资，由应急物资需求部门（收货单位）、应急采购机构会同有关单位共同验收。应当根据应急采购合同规定的质量技术标准和应急物资供应商出具的质量证明文件，结合有关的国家标准、行业标准和其他标准等（应急采购合同对产品质量标准约定不明确的，按照国家标准、行业标准和其他标准执行），严格按照验收标准和程序，采取适当的验收方法（需要对产品质量进行测试的，应当在国家或者认证的检测机构进行），对收到的应急物资的名称、规格型号、计量单位、供货单位、到货日期与验收日期、数量、质量、产品包装等情况，实施逐项、逐个检查与验收，并认真填写应急采购项目表或应急物资到货验收表；应急物资需求部门（收货单位）在验收中发现数量、质量问题，应当做好记录，及时与应急物资供应商取得联系，并通知应急采购机构协调处理。能否严格把好应急物资质量关，直接关系到应急保障的质量是否合格。应急采购要求应急物资质量验收应由应急采购机构、应急物资使用单位共同验收、共同把关，这样才能更好地保证应急采购质量。通过建立战略合作伙伴关系，尽可能提高应急物资供应商进入应急采购市场的门槛，质量检测应尽量由应急物资供应商自身完成，保证在出厂前实现应急物资质量零缺陷。一旦发现应急物资不符合质量要求的情况较为严重，即可加大对应急物资供应商的惩罚力度；若质量长期合格率较高，则可通过增加该应急物资供应商的合同份额予以奖励。

六、集中支付应急采购资金

应急采购资金支付和结算，应依据应急采购预算、应急采购合同、购货凭证、验收单据、结算支付申请等有关文书，由应急资金结算部门按照应急采购资金支付、结算有关规定办理。凡列入应急采购目录，纳入年度应急采购预算的应急物资，其应急采购资金必须实行集中支付。应急资金结算部门按照预算集成化管理级次和经费审批权限，依据应急采购预算、备案合同和应急物资需求部门出具的资金结算凭证、收费票据等，经审查合格后，扣除预留的质量保证金，剩余款项直接向应急物资供应商支付。应急物资在保修期满后，应急资金结算部门依据应急物资需求部门提供的质量保证金结算通知，与应急物资供应商结算应急采购质量保证金。由于应急物资供应商的资金较为紧张，应急保障部门可要求应急物资供应商以其厂房、土地等不动产予以质押，从而既能降低应急物资供应商的违约风险，也可减少其资金压力，充分体现应急供应链的战略合作伙伴关系。应急采购，不仅要解决分散应急采购效率低下的问题，同时还要解决分散支付交易费用较高的问题。凡是集中应急采购的，原则上均由应急资金结算部门直接向应急物资供应商支付货款。同时，各级审计部门对应急采购工作的全过程都要进行严格的审计监督，从而实现对应急采购的有效监控。

七、主动协调售后服务

应急采购机构必须始终贯彻服务建设、应急保障需要的宗旨。各级应急采购机构要想方设法把应急采购的服务保障工作做好，最大限度地提高应急采购服务水平和应急保障效能。服务应急保障工作范围广、种类多，工作量较大，涉及的相关问题较多，必须密切联系应急采购工作和供应需要做细、做实，探索和运用灵活多样的方式方法，广泛开展优质服务，提高服务效率，确保服务质量，实现“零距离”

应急采购，努力把“阳光工程”做成“暖心工程”。应急采购机构要建立健全应急采购服务体系，明确应急采购服务内容和标准，为应急物资需求单位提供应急物资全寿命周期服务。应急采购机构要及时了解应急物资需求单位应急物资使用情况，协调应急物资供应商依据合同约定，为应急物资需求单位做好使用培训、技术指导、产品维修等售后服务工作。需要中转供应应急物资需求单位的应急物资，应急采购机构应当按照应急物资需求单位的有关要求，做好初检、接收、储存和配送工作。应急采购机构应定期对应急物资需求单位进行走访，还可通过下发征求意见书、电话询问、信函等方式，认真了解应急物资需求单位的实际需求，虚心听取应急物资需求单位的意见和建议，改进工作方式，提升服务水平，积极主动解决应急服务保障中存在的问题，提高应急物资需求单位的满意度。

第三节　应急供应链采购集成化管理的主要内容

应急供应链采购集成化管理涉及人员、经费、应急物资、信息、应急物资供应商、应急采购合同、评审专家、流程、风险等众多方面，其集成化管理重点是对应急物资供应商、应急采购合同及应急采购评审专家的集成化管理。

一、应急物资供应商集成化管理

对应急物资供应商资质的鉴别、认定和监管由应急采购机构和相关应急保障部门负责，按资质认定、择优选用、总量控制、相对稳定的应急物资供应商集成化管理原则实行。

一是广泛收集应急物资供应商资源。要切实加强与国家工商行政管理部门的联系，获取信誉相对较高、综合实力相对较强的应急物资供应商信息。在政府采购网及《中国政府采购》《现代物流报》等相关报刊上发布公告，邀请应急物资供应商前来注册，分门别类地及时办理入库手续。

二是加强对应急物资供应商的资质审查力度。对应急物资供应商或准备参加应急物资招标采购的企业进行生产能力、资金状况、财务管理、信用等级、技术革新、售后服务等方面的评估审查。审查结果由应急采购机构以书面形式与应急采购计划下达部门会签后，上报应急保障部门分管指挥控制人员审定。

三是建立应急物资供应商年检制度。每年由应急采购机构按照应急物资供应商的条件组织一次资质复审，复审结果以书面形式上报应急保障部门分管指挥控制人员审定。年检重点检查应急物资供应商的正常生产能力、技术革新能力、财务筹资能力，以及应急物资供应商的信用水平、售后服务的及时性和可靠性。然后，要将年检结果通报企业主管部门。

四是适度控制应急物资供应商规模。应急物资供应商资源容量应当适时扩充，但不能牺牲应急物资质量，而应以质取胜。不符合条件的，应坚决阻挡在应急采购市场之外；打“擦边球”的，应重点集成化管理，督促警示；违规违纪的，应严肃追究责任，列入招标应急采购黑名单。应急物资供应商数量过多，会导致应急采购任务分散，增加应急物资质量检验和应急物资供应商资质审核的难度和工作量。因此，应按照总量控制、优胜劣汰、动态管理、相对稳定的原则，根据应急物资实际和潜在需求，确定应急物资供应商数量，力求进出平衡、规模适度。

五是建立应急物资供应商资料信息库。应急物资供应商资料信息库由应急保障部门、应急采购机构具体负责，详细记录应急物资供应商的资质信息，如应急物资供应商生产能力、管理水平、信用等级、履约历史、资产状况、设备配置、生产组织形式、质量保证体系等。

二、应急采购合同集成化管理

应急采购合同集成化管理要严格，应急采购合同的内容、格式、表述等要准确、规范，权利和义务要清晰明确。

首先是应急采购合同的签订。应急采购合同应当采用书面形式，由应急采购机构与应急物资供应商依法订立。应急采购机构与应急物资供应商签订正式合同后，要将应急采购合同副本报相关应急保障部门、应急资金结算部门和应急采购管理部门备案；应急物资供应商提出变更应急采购合同要求的，应急采购机构应当与应急物资供应商协商，并及时报告相关应急保障部门确定。

其次是应急采购合同的履行。应急采购合同是整个应急采购的支付依据，必须严格把关，坚决履行。一是提高认识。教育引导应急采购机构牢固树立“质量第一、服务至上”的理念，努力完成各项应急采购合同任务。二是建立和完善应急物资生产定期报告制度和应急物资生产任务完成情况通报制度。三是严格执行应急物资工艺技术和质量标准。四是严格履行合同产品解缴期要求。

最后是应急采购合同履行的监督。应急采购合同履行的监督主要由应急采购机构负责。一是生产监督。负责监督应急物资供应商的应急物资计划生产进度，了解企业的应急生产负荷，强化对其应急物资材料储备、应急物资质量、应急物资生产进度和应急物资仓储安全等全过程的监控。二是质量检测。除了评价和检查应急采购合同中规定的质量控制与管理事项外，还要对应急物资生产过程中的每一道工序进行逐一分项质量抽查，实施全程质量跟踪集成化管理。

三、应急采购评审专家集成化管理

要高度重视应急采购评审专家的选用与集成化管理。

一是广泛采集应急采购评审专家资源。要加强与军地科研院所、行业协会、质量检验监督部门的联系，通过其邀请一些德才兼备的评审专家；另外，政府应急采购机构对应急采购评审专家和应急物资供应商的资质都有严格要求，有一整套较为完善的集成化管理与考核体系，可与应急采购机构密切协作，签订长期合作协议，实现通用资源的联网。

二是科学规划应急采购评审专家的组成。应急采购评审涉及应急物资材料、应急物资检验、应急物流管理、应急资金核算和经济法规等多个领域的知识。因此，在构建应急采购评审专家库的时候，必须着眼于应急采购需求，合理规划应急采购评审专家的类型和数量。在应急采购评审专家的来源上，要防止出现应急采购评审专家来源单一的问题，专家结构尽可能全面，做到机关、院校和企业相结合。

三是规范应急采购评审专家选用程序。在遴选方面，应坚持公平、公开、公正和能力素质至上、择优录用的原则。根据应急采购机构公布评审专家候选人条件和指标分配情况，由专家自荐和单位推荐，择优录用后，报应急保障部门分管指挥控制人员审批后，建立评审专家档案。在聘用方面，应根据项目需求，按照专业对口的原则，随机抽取应急采购评审专家，并由相关人员现场监督和书面记录。

四是加强应急采购评审专家个人信息集成化管理。一方面，应急采购机构要依据应急采购评审专家个人简历和相关资料，分行业和专业建立应急采购评审专家库；另一方面，要严格做好对评审专家个人隐私情况的保密工作。

五是把握好应急采购评审专家的抽取时机。应急采购评审专家的抽取一般在开标前半天或一天进行，最早不超过两天，尽可能避免评审专家信息泄露事件的发生。

六是加强对应急采购评审专家的监督和集成化管理。应建立健全应急采购评审专家监督集成化管理的有关规章制度，并提高其规范性和可操作性。要建立对应急采购评审专家违规行为的有效约束机制。

第四节　应急供应链采购集成化管理的对策措施

著名集成化管理学家彼得·德鲁克曾经指出：管理是一种实践，其本质不在于“知”，而在于“行”；其验证不在于逻辑，而在于成果。做好应急供应链采购集成化管理，对于提高应急采购综合效能具有十分重要的意义。强化应急供应链采购集成化管理，应抓好以下几项工作。

一、完善应急采购法规标准

没有规矩不成方圆。应急采购法规标准体系是由应急采购的各层次、各方面相关法律规范组成的有机整体，是应急采购制度有效运行的根本保证。我国推行应急采购制度改革以来，先后颁发了一系列法规政策规定，并随着改革深入进行了多次修订，基本保证了应急采购有法可依、有章可循。现行应急采购法规对应急采购集成化管理、应急采购方式、应急采购程序、信息发布等方面作了明确规定，建立了较为完善的应急采购制度框架。但在应急物资需求集成化管理、监督机制、资源抽取、奖惩机制等方面的规范还不够具体，在实际操作中还有许多不够人性化的地方，应当继续研究应急采购规律，结合实际工作，细化操作规范，做到管用、可用。

应急供应链采购集成化管理，重点在于强调依法进行集成化管理。面向市场，建立行为规范、运行高效的应急采购体系，必须制定完善配套的法规标准，依法行事，按法律对整个应急采购过程进行约束、监督，使应急采购逐步进入法治化、规范化轨道。

首先，抓好立法环节，建立配套、完善的应急采购法规体系。应急采购是一项涉及方方面面的复杂系统工程，要想准确界定政府部门、应急物资供应商在应急采购活动中的任务、权利和义务，就需要建立健全相关法规。要尽快制定《应急采购条例》，明确国家对应急采购在资源配置、税收、价格、运输等方面的优惠政策，以及在信息共享、应急物资储备、应急物资配送等方面的规定。要制定相应的应急采购专项法规和完善各项业务规章，规范各职能部门的具体业务，如制定切实可行的新时代应急采购集成化管理相关规定等。

其次，抓好普法环节，提高应急采购人员的法律意识。当前主要是要抓好《中华人民共和国政府采购法》等应急采购法规制度的宣贯。应急采购有些问题如果处理不当，会直接影响应急采购机构的形象和应急采购人员的发展。可从正反两方面组织一些案例，制作反腐倡廉专题片，通过活生生的事例，让广大应急采购人员认识到应急采购工作事关个人的荣辱进退，让应急采购知识进入政治课堂，帮助他们增强抵御歪风邪气的能力。

最后，抓好执法环节，完善应急采购法律监督体系。法规固然重要，但更重要的是要贯彻落实，这样才能杜绝各种形式的违法行为。要从建立和完善应急采购执法机制入手，明确应急采购活动中的法律程序和执法权限，为执法提供制度上的应急保障和约束。要从权力制衡的原则出发，逐步建立应急采购法律服务部门和法律监督部门，建立系统的应急采购法律服务体系和监督体系，从组织结构和权力运行两个方面完善执法机制。同时，还要加强执法队伍的全面建设，提高执法水平。

二、强化应急物资集中采购模式

应急采购要实行应急采购业务集中归口管理，由应急采购机构集中应急物资需求单位需求，形成应急采购规模，以一个整体面向市场，实施专业化集中采购，以最大限度地提高应急采购效益和应急采购效率。

我国地域广、级次多、应急采购规模大，需要采用集中应急采购与分散应急采购相结合的模式，同时对分散应急采购提出了集成化管理要求，从而实现应急采购集约化的目标。集中采购与分散采购相结合是应急采购的要求。集中应急采购以规模化为前提，是市场经济条件下发挥规模经济优势、提高应急采购集约化水平的需要，同时也是集中有限财力办大事的需要。

首先是应急采购目录集成化管理；其次是应急采购活动时空的相对集中；最后是应急采购资金的归口集中结算。

三、健全应急采购集成化管理体制

在应急采购体制方面，条块分割的局面还没有完全解决，有关部门的应急采购职能没有理顺，组织应急采购还不够规范，还存在应急采购分散管理、多头管理的现象。应该以应急采购体制一体化为目标，成立综合性应急采购协调管理部门，把分散在各应急保障部门的应急采购业务集中起来，通过综合计划协调，汇总各应急保障部门的应急采购要求并确定应急采购计划。要理顺有关应急保障部门与应急采购机构之间的关系，协调各部门、各单位在应急采购运行各个环节的衔接关系。要完善应急采购合同管理部门职能，使其负责对应急采购合同的集成化管理。

应急采购在应急采购专业化的基础上，应坚持“四权分离”的原则，即应急采购的计划、分配与使用集成化管理权、经费支配权、应急采购和招标权、监督权四者分开，建立起相互依赖、相互配合、相互制约的机制。按照应急管理部门、应急保障部门和应急保障力量提出保障需求，应急采购机构组织应急采购，应急资金结算部门集中支付，审计部门全程监督的原则，对应急采购业务有关部门的职能分工进行合理调整，从而建立起一种上下对应、相互衔接、分工明确、运转顺畅的应急采购集成化管理体制，形成相互依赖、相互配合、相互制约的应急采购集成化管理运行机制。

四、优化应急采购运行机制

抓机制就是要着眼治根本、管长远，尽快建立健全贯穿于应急采购全程的竞争机制、价格机制、分工机制、协同运作机制、约束机制、风险防范机制和奖惩机制等，切实形成推进应急采购制度落实和提高应急采购质量的内在动力，逐步健全完善应急采购运行机制，切实提高应急采购绩效。

一是明确分工机制。要建立分工明确、顺畅高效的运行模式。按照“四权分离”和应急采购管理与应急采购操作相分离的原则，建立健全应急物资面向市场组织应急采购的运行机制。真正做到按需求部门提出计划、应急采购机构实施应急采购、应急资金结算部门集中支付、应急采购管理部门和审计部门实施监督管理的组织方式实施。

二是建立协同运作机制。要建立应急采购集成化管理部门负责、相关职能部门共同参与的决策协调机制。各部门主动配合、相互协作，真正形成合力，实现应急采购各阶段工作的有效衔接和联动。

三是建立风险防范机制。要加强应急采购的风险防范。应急采购主体既要有相互制约的内部监督机制，也要有渠道畅通的应急物资供应商质疑投诉机制和外部监督机制。纪检部门、应急资金结算部门、审计部门、应急保障部门和应急采购管理部门对应急采购活动要进行监管落实，要建立投诉处理机制、应急采购机构内控机制等。研究专业监督与群众监督相结合的监督方式，赋予群众监督人员相应的权利，逐渐形成以群众监督为主体的监督机制；明确监督人员的邀请主体，既可以是应急保障部门，也可以是应急采购机构；规定现场监督的条件，监督人员应按时出席应急采购现场。

四是细化奖惩机制。建立对应急采购机构和人员定期业绩考核、考评制度，并依据考评情况实施奖惩。制定应急保障部门和应急采购机构奖惩标准，明确什么样的单位应予以奖励，什么样的单位应被追究责任；制定个人奖惩标准，明确哪些行为应予以奖励，哪些行为必须予以惩罚；确定实施方法，明确奖励如何实施，惩罚如何落实等。要结合实际情况，制定翔实可行的应急采购集成化管理相关的奖惩规定，对落实应急采购集成化管理的情况进行评估，并按照评估结果实施奖惩。对应急采购集成化管理过程中履行职责好、成绩突出的单位和个人，要给予表彰奖励；而对履职尽责差、管理效果差的单位和个人，要严肃处理，问题突出的要重罚。

五、加强应急采购监督集成化管理

要坚持机关检查监督、用户调查反馈、应急物资供应商质疑投诉、媒体公众监督等多种监督手段相结合，确保应急采购规范运行。

首先是机关检查监督。机关部门要对应急采购监督的内容与职能进行合理分工，保证应急采购监督渠道多样化和监督内容丰富化。在应急采购过程中，应急采购集成化管理部门、应急资金结算部门、审计部门、应急采购执行部门、纪检部门等要派人参与检查监督。应急采购集成化管理部门应敢于顶住压力，勇于处理不规范行为。事前知情的，中止应急采购项目；事中掌握的，先流标、再调查；事后投诉、经考评确实存在违规的，应强制终止合同，勒令重新组织应急采购。全年表现良好的，应予以表彰奖励；出现严重违规违纪的，应严肃追究其民事、刑事责任。

其次是用户调查反馈。一是通过走访、问卷调查等方式对应急物资采购质量、应急保障情况进行调查了解；二是建立与应急物资需求单位之间的主动反馈机制，设置固定渠道，接受用户对应急物资质量、服务水平的反馈。

再次是应急物资供应商质疑投诉。应急物资供应商可按规定的程序和方法向投诉机构质疑投诉。应急采购管理部门要重视应急物资供应商反映的情况，及时处理应急物资供应商的质疑投诉，督促应急采购公平公正。应设立投诉热线和信箱，对应急物资供应商、应急采购评审专家和广大应急保障人员反映的热点问题和质疑投诉，应联合审计、纪检等相关部门予以调查，做到件件有回音，事事有落实。

最后是媒体公众监督。在确保国家安全与商业秘密的前提下，可合理利用新闻媒体，并协同地方财政部门、银行系统、统计部门、工商行政部门等对应急采购活动进行综合监督，形成内外结合的高效监督机制。

六、推进应急采购集成化管理业务培训

培训是提高应急采购集成化管理人员能力素质的基本途径。实施应急采购集成化管理，要求应急采购人员具备相应的应急采购集成化管理知识和技能，而知识的获得、技能的提高可以通过有针对性的系统培训得以实现。因此，需要大力加强应急采购人员应急采购集成化管理知识技能培训。同时，还需要积极探索培训方式，不断拓宽培训渠道。

一是院校培训。院校是培养应急采购人才的重要基地，拥有人才密集、知识密集、技术密集等许多优势。应急采购人员通过院校培

训，既可学到系统的应急管理理论知识和专业技能，掌握适应未来联合应急行动需要的本领，又可学到组织实施应急采购的理论和方法，掌握规范组织应急采购活动和实施应急采购集成化管理的本领。

二是在职培训。实践证明，抓好应急采购集成化管理人员的在职培训，是提高其应急采购集成化管理能力和水平的重要途径。可以通过短期集训或以会代训的形式，对应急采购集成化管理人员进行集中培训。主要是结合应急采购集成化管理人员的实际情况，缺什么训什么。

三是岗位自训。应急采购集成化管理人员，其知识的更新和能力的提高，除了院校培养、在职培训外，主要还是靠个人结合工作实际进行锻炼。一方面，要主动向书本学习。通过学习应急采购集成化管理方面的理论专著，搞懂和弄清应急采购集成化管理的基本原理及其规律，把握应急采购集成化管理的理论体系，提高理论素养。另一方面，要进行实践锻炼。实践是最好的老师，在应急采购实践中会遇到各种各样的问题，应急采购人员要善于分析问题、研究问题，不断提出解决问题的具体办法，并通过总结经验，使之升华为理性认识。

七、提升应急采购信息化集成化管理水平

“工欲善其事，必先利其器。”灵活的应急采购手段、先进的应急采购技术是应急采购集成化管理的有力保证。在世界贸易发展过程中，信息技术和电子商务技术成为应急采购规范化运作的重要工具，电子应急采购成为一种国际上比较流行的现代化应急采购集成化管理方式，对于规范应急采购运作程序、缩短应急采购周期、减少应急采购环节、提高应急采购效率具有重要作用。我国大部分应急采购部门

的应急采购手段，如网上订购、电子商务、数据中心等现代技术手段应用范围还相对较小，组织应急采购时，还难以准确把握市场变化。应急采购活动成本高、周期长、时效性差，问题随处都有，矛盾无处不在，综合效益不高。应急采购集成化管理与现代信息技术有机结合，能够降低应急采购成本、规范应急采购流程、提高应急采购时效，发挥事半功倍的效果。

一是应急采购业务网络化。应急采购活动要处理大量信息，如应急物资需求信息、市场资源信息、动态价格信息等。应急采购管理机构应迅速、准确、实时收集和处理各种信息。现代网络技术的发展和完善，为应急采购信息的收集、传输和处理提供了便捷的条件，使应急采购可通过网络平台实现异地化、迅速化、实时化。

二是应急采购管理信息化。在应急采购实施过程中，应广泛运用现代信息技术，对应急采购过程中出现的大量信息、数据、文件、报表等进行处理，以准确掌握应急物资需求单位对应急物资的需求情况，准确把握市场资源供给和价格变化状况，以便对市场价格与应急物资需求进行比较分析和动态预测，选择最佳的应急采购时机。

三是应急采购资源可视化。要广泛利用计算机网络技术、通信技术和自动识别技术等信息技术，实时、准确、透明地获取应急采购经费、应急采购需求、应急采购进程，以及市场资源分布和产品价格等信息，使应急采购供需资源清晰可视，整个应急采购过程透明可控，从而减少重复应急采购、盲目应急采购等现象。

四是应急采购活动透明化。主要体现在三个方面：第一，应急采购信息全透明。应急采购方的应急采购标的、应急采购制度、应急采购标准等应急采购信息，都可以公开透明地公布，应急物资供应商的产品、能力、信誉等所有信息，也都在虚拟交易平台上公开亮相，这种双向透明的应急采购信息，为保证交易的公开、公平、公正创造了条件。第二，应急采购过程全透明。应急采购的所有活动都可以在网上公开进行，没有暗箱操作空间，应急物资需求单位、应急采购机构、应急物资供应商和应急采购监管部门，都能实时看到应急采购活动的全过程，可以最大限度地实现公平竞争，打消人们的疑虑。第三，应急采购结果全透明。应急采购成交后，应急采购单位可及时在网上公布应急采购的每一项结果，将成交或中标情况昭示于天下，这既有利于应急物资供应商及时履约，也便于其他应急物资供应商进行总结或者投诉，应急物资需求单位也能及时了解情况，做到心中有数。

第七章　应急供应链物流集成化管理

加强应急物流集成化管理，构建科学合理的应急供应链物流体系至关重要。在应急情况下，应急物流保障任务的完成，不仅取决于客观的物质基础，还取决于主观上强有力的应急物流集成化管控。只有及时正确的指挥控制、严密有序的组织协同，才能最大限度地发挥应急物流保障能力，以最小的代价圆满完成应急物流保障任务，保障应急处置的需要。

第一节　应急供应链物流集成化管理概述

一、应急供应链物流集成化管理的内涵

（一）应急物流

2003 年非典暴发，物流在应对突发公共卫生事件中发挥了巨大作用。在这种背景下，应急物流这一概念应运而生①。此后，应急物流一直得到国内外专家学者的高度关注，特别是 2008 年低温雨雪冰冻灾害救援、汶川特大地震抢险救灾和抗击新冠疫情中，军队紧密依托社会物流资源条件，组织了卓有成效的应急物流保障活动，推动应急物流学术理论研究进入了高潮期，并在宏观层面有力地牵引了应急物流体系的规划建设。

---

① 《中国物流与采购》2003 年第 23 期集中发表了王宗喜教授领衔的科研团队研究撰写的“应急物流专刊”10 篇系列论文，开创了国内应急物流学术理论研究的先河。

应急物流是指为满足应急事件应急物资需求，以超常规手段组织应急物资从供应地到需求地的特殊物流活动。从这个定义可以看出，应急物流的目的是有效处置应急事件；应急物流的作用对象是应急物资；应急物流在组织实施中，往往采用非常规手段。一般来说，在处置应急事件过程中，应急物流保障活动涵盖了应急物资的筹措采购、运输投送、储存保管、装卸搬运、组套包装、维护保养、分拣配送以及信息处理等功能环节和保障过程。

（二）应急供应链物流集成化管理

基于以上分析，应急供应链物流集成化管理是指为生成、积聚和发展应急物流力量，提高应急供应链物流保障能力而进行的各项集成化管理活动的总称。主要有两个方面的含义：一是应急供应链体系建设时不断组建、生成和积聚应急物流保障力量，以便在应急事件处置中，通过对应急供应链物流进行集成化的管理，随时提供应急物流保障；二是应急物流集成化管理不仅包括对应急物流保障力量的集成化管控，还包括对应急物流集成化管理运行机制的构建和完善。因此，可以说应急供应链物流集成化管理是以增强联合应急行动应急物流保障能力为核心的应急物流集成化管理和控制活动，是有效预防和应对应急事件的重要手段。

二、应急供应链物流集成化管理的目标

应急供应链物流集成化管理的总体目标是以习近平新时代中国特色社会主义思想为指引，以保障联合应急行动需求为宗旨，遵循全面建设应急供应链体系的总体部署，按照“信息主导、体系建设、系统

管理”的思路，统筹国家、军队和社会应急物流保障资源，形成跨军地、跨区域的一体化应急物流保障模式，为完成联合应急行动物流保障任务提供强大的应急物资保障支撑。具体包括以下几个方面。

（一）应急物流运作高效化

打破军地之间、部门之间、区域之间“各自为政”的应急物流保障模式，完善在国家应急管理部门直接指挥控制下，依托专业化应急物流保障力量的应急物流联合保障机制，建立扁平化的应急物流指挥控制体系。同时，广泛获取应急物流保障信息和应急物流保障资源，积极采用体系工程、整体筹划的手段，对应急物流保障活动全过程进行优化设计，全面提升应急物流运作效率。

（二）应急物流流程一体化

破除应急物流活动中的需求计划、筹措采购、运输投送、储存保管、组套包装、维护保养、分拣配送、装备维修、回收处置等环节相互独立的壁垒。贯彻应急供应链集成化管理的思想，对应急物流保障流程进行有效整合，实现无缝衔接。按照应急物流保障规律科学设置应急物流保障流程，加快应急物流保障流程优化，形成有机联系、有序协调、有效运行的集成化应急物流保障链。

（三）应急物流决策智慧化

以联合应急行动为牵引、应急物流保障数据为驱动，通过大数据、云计算、物联网、区块链、北斗卫星导航、卫星互联网等科技手段实现应急物流保障需求及时感知、军地物流保障资源实时可视、应急物流保障信息智能处理、应急物流保障行动自主决策、应急物流保障计划自动生成，为应急物流保障指挥控制机构提供科学合理的辅助决策信息，使应急物流保障各单元模块、各流程环节与联合应急行动指挥控制紧密高效协同。

（四）应急物流装备体系化

按照系统化的建设思路，坚持统一顶层设计、整体稳步推进的原则，将不同专业、不同层次、不同单元的应急物流装备要素进行标准化、系列化、通用化整合，实现应急物流装备与重要应急物资的配套、各保障环节应急物流装备之间的配套、无人应急物流装备与有人应急物流装备的配套、平时物流装备与应急物流装备的配套。

（五）应急物流资源融合化

充分挖掘军地物流资源深度融合潜力，统筹规划应急物流保障活动，优化配置应急物流保障资源，完善应急物流保障机制，实现军地应急采购资源共享共用、应急物资联储联供、应急运力资源统筹运用、应急物流信息互联互通，达到应急物流保障资源的优化配置和高效利用，推进应急物流保障由局部零散向全面系统拓展。

（六）应急物流保障精确化

着眼联合应急行动需求，充分利用物联网、大数据、云计算、移动互联网、区块链、北斗卫星导航技术、5G 通信技术等现代信息技术，通过预置预储、联储联运等手段，以及各环节、各部门和各系统的同步运作、整体协同，实现应急物流保障需求精确预测、应急物流保障资源精准掌控、应急物流保障计划精细拟制、应急物流指挥控制准时高效，达到应急物资保障“适时、适地、适质、适量”的精确化目标。

第二节　应急供应链物流集成化管理的主要内容

应急供应链物流集成化管理主要包括应急物流保障力量集成化管理、应急物流信息系统集成化管理、应急物流法规标准集成化管理等内容。

一、应急物流保障力量集成化管理

2020年抗击新冠疫情期间，随着疫情防控工作的全面展开，虽然全国甚至全球各地捐赠物资源源不断运至武汉，但武汉多家医院却连连“断炊”，负责接收捐赠的湖北省红十字会和武汉市红十字会将1.8万个KN95口罩分配给了被外界称为“莆田系医院”的武汉仁爱医院，而武汉协和医院只分到3000个。由于红十字会人员缺乏物流专业能力，大量密集捐赠物资堆存在临时仓库分发不出去，前方供不应求、中间库存堆积、后续捐助被迫中止，致使物资“分不到位”“供不上去”，再次降低了红会的“公信力”。在疫情防控中，“车找货”困难重重，根本原因就是没有依法建立一支平时系统管理、急时统一调度的应急物流专业化队伍，导致物流力量“平时有”，但“急时用不上”。

随着社会各界对应急物流的认识理解逐步加深，社会物流力量也将更多地加入应急物流队伍。要按照政府引导的思路，发挥应急物流保障力量的骨干和突击作用，依托市场，动员广大企业和社会力量，进一步优化整合和配置军地物流资源，形成社会合力。要建立专业化应急物流队伍，强化核心保障能力，将非核心业务外包，提高应急物流保障的时效性和精确性。广大应急物流企业需要发挥专业团队的优势，提高“平转急”能力。要集成社会应急物流资源，融合物流行业与应急产业，认证建立一批“应急物流基地”，集成筹措采购、运输投送、仓储保管、分拣配送、组套包装、维护保养、装备维修、信息管理等功能，打造应急物流核心保障力量。

应急物流保障力量的未来转型发展方向为综合化、智能化、规模化、基地化。战略应急物流基地是以国家应急仓库为主体，具备一定的战略投送能力，并兼具计划规划、筹措采购、储存保管、组套包装、维护保养（装备维修）、分拣配送、废旧处置、物流大数据管理等功能，能够满足应急应战物资保障需求的战略级综合物流实体。海外保障基地是战略应急物流基地的一种特殊类型。其基本职责为海外应急保障任务筹划与需求预测、应急物资筹措采购、跨域运输投送、应急物资预储预置、应急物资轮换更新、集配组套、技术保障、信息处理、物流企业动员等。应急物流基地应具备应急物资筹措采购能力、应急物资远程投送能力、战略物资预储预置能力、应急物资轮换更新能力、全流程智能化管控能力、体系化技术保障能力、全国应急物流力量动员能力等能力。

区域应急物流中心是在区域应急物流保障中，综合集成物流设施、设备及信息网络，具备计划规划、筹措采购、运输投送、储存保管、组套包装、维护保养、分拣配送、废旧处置、信息处理等综合职能，能够完成区域应急物流保障任务的区域综合物流实体。区域应急物流中心的基本职责为区域应急物流保障任务筹划与预计、区域应急物资采购、区域应急物资运输、区域应急物资储存保管、区域应急物资分拣组套、区域应急物资维护保养、区域应急物资分拨、区域应急物流大数据管理等。区域应急物流中心应具备模块化抽组机动支援保障能力、快速中转分拨能力、智能化分拣集配及组套包装能力、应急物资质量快速检测及维护保养能力、应急物资集散分拨实时调控能力、区域应急物流资源信息共享与应急协调能力、区域地方物流力量动员能力等能力。

应急配送中心是具备应急物资集货、组套、包装、维护保养、分拣、配送等职能，以直接向应急物资最终用户配送保障为主要职能的省市级综合物流实体。其基本职责为应急物资筹措采购，请领、接收应急物资，应急物资储存保管，维护保养，集配、组套应急物资，信息处理，机动、转运物资，开设与撤收野战配送中心等。应急配送中心应具备野外配送中心快速开设与撤收能力、机动转运能力、智能化分拣集配及组套包装能力、物资质量快速检测及维护保养能力、应急物资配送实时调控能力、智能化直达配送能力、应急物流信息管理能力、驻地物流力量动员能力等能力。

尽快依托预备役、国防动员系统建强地方应急物流补充力量，将中国邮政、京东、顺丰等专业化物流龙头企业，纳入预备役、应急物流动员保障力量体系；平时依托物流企业进行战略战役通用物资保障，急时依托国家动员系统进行专用应急物资保障。要进一步完善动员补偿等相关标准，定期开展实战化演练，建立平时登记、管理、训练，急时统一使用、评估、补偿的应急物流专业化队伍，确保急时地方物流动员保障力量“上得去”。

二、应急物流信息系统集成化管理

没有信息技术就没有现代物流，信息技术是应急物流的重要支撑。要按照国家发展改革委《“互联网+”高效物流发展实施意见》有关精神，依托国家重点研发计划项目“应急物流关键技术研究及应用示范”，国家应急管理部门应有效整合“跨地域、跨部门、跨层次、跨环节、跨系统的‘五跨’综合指挥调度信息平台”“末端快速精准投送综合调度系统”“国家应急物资信息综合服务平台”等信息系统，充分发挥互联网在资源配置中的优化和集成作用，研发并部署军地通用、平急一体的应急物流信息系统，开展应急物联网建设。应急物流信息系统是由分散在不同地域、不同领域、不同级别的多个业务信息系统及综合应用系统组成的“综合集成”。其中，应急物流集中管控系统和应急物流保障信息系统通过统一建设和集成改造，构架在一体化的支撑环境（应急物流集成化管理信息平台）之上，形成顺畅的信息流通道，衔接和贯通应急物流各个保障环节，为应急物流高效快速运行提供有效支撑。应急物流信息系统研发是一项动态发展的系统工程，需要按照“科学筹划、整体推进、突出重点、稳步发展”的思路，分步骤推进完善，不断稳步发展。其中，应重点包括以下几项工作。

构建应急物流公共信息平台，既是应急供应链物流信息平台的积极辅助，也是国家应急平台的有益补充，更是现代物流行业健康发展的重要基础。应急物流公共信息平台在平时和应对突发事件时，应能提供专家辅助决策服务，收集并汇总应急物流信息，动态调度管理应急物流保障资源并进行监控记录；动态发布应急物流需求信息和法规政策、行政指令，以及应急物流有关新技术和新产品信息；收集、整理、挖掘、分析、汇总和统计与应急物流相关的物资分布、设施设备、物流服务供应商，以及运输能力、存储收发能力等信息，并综合呈现。

应急物流公共信息平台的建设，可以引入市场运作经营，由主管部门论证出台相应的政策措施和标准规范，以适当的手段鼓励和引导系统开发商、运营商按照市场价值规律运营和维护信息平台，发布标准、政策，对应急物流公共信息平台的运作进行必要的约束和规范。

首先，要强化应急物流信息系统的总体设计。应急物流信息系统，是对军地应急物资和应急物流相关保障资源实施集中、有效指挥调度的重要基础。通过建立应急物流信息系统，各级应急管理部门和应急保障部门可以及时、全面、准确地收集、整理、分析、传输各种应急行动和应急保障信息，实时掌握应急事件发展状态，全盘规划、统筹调配军地各种物流资源，将应急物流装备、应急物流人员、应急物资及时运用到最需要和最关键的地方，实现应急物流通道的通畅有序，提高应急物流指挥决策的科学性和效率，确保应急物流保障的目的性和有效性。应围绕实现体系化应急保障能力跃升的目标，树立全维一体的信息观，构建纵横贯通、上下连接，涵盖各个保障单元、不同保障要素的全维信息系统，区分发展阶段和轻重缓急，逐步逐项地推进建设发展，搞好需求论证，实行统一指挥控制人员管理，坚持统一规划计划、统一技术体制，提高应急物流管理信息系统建设的实效性、适用性。具体而言，就是要分析现行应急物流保障流程及相关的信息系统，梳理应急物流保障各环节之间的业务关系和数据流程。按照应急供应链体系建设总体要求，提出应急物流信息系统功能目标，明确应急物流各保障环节信息关系，优化应急物资保障信息流程，制定应急物流信息系统的体系结构、功能组成，确定技术路线，研究关键技术，规划设计应急物流数据中心、软件集成环境，提出应急物流相关业务系统改造要求，形成应急物流需求分析报告、总体技术方案和研制总要求。

其次，要加快应急物流信息系统建设。把应急物流信息系统作为应急物流信息化的核心工程来抓，加快相关应急保障信息系统融合集成。应依托应急管理通用集成环境，加快研制应急物流共用及专用软件构件、应急物流业务协同管理和应急物流系统运行管理工具，构建应急物流信息系统集成环境，为应急物流相关业务信息系统和集中管控系统的新建和集成改造提供支撑。应重点研制应急物流集成管控系统，依托应急物流数据中心和相关应急保障信息系统，建立应急物流集成管控系统，获取应急物流需求，感知应急物流保障状态，展现应急物流保障资源，衔接应急物流保障环节，控制应急物流保障过程，提供应急物流全流程集成管控和辅助决策功能。依托应急集成管控系统，统筹规划应急物流信息系统建设，采用统一的技术体制整合改造相关应急物流保障信息系统，整合形成能够满足应急物流保障需求，集信息采集、辅助决策、指挥调度等功能于一体的应急物流信息系统，统一呈现军地应急物流保障信息。

最后，积极推进应急物流信息系统配套建设。应急物流信息系统建设是一项复杂的系统工程，既有软件研发的问题，也有硬件建设的问题；既涉及系统开发的问题，又有相关数据资源规划和建设等问题，因此必须坚持系统配套的思路，同步做好相关支撑项目建设工作。要积极推进应急物流数据研究与建设。应遵循统一应急物流信息标准，开展应急物流信息资源规划，明确应急物资数据采集源头，建立应急物流信息资源目录，构建国家、军队、地方多级应急物流数据中心，研制应急物流数据管理与服务系统，集成管理基础数据和核心业务数据，支持数据共享交换，满足集中管控和辅助决策的需要。要积极进行应急物资编目系统建设。构建应急物资编目数据体系，研究确定应急物资分类、编码和属性，研制应急物资编目数据采集、数据服务、系统管理等工具，引进转换应急物资数据，采集处理应急物资数据，形成应急物资编目数据库。要积极推进应急物流信息标准制定。研究形成应急物流信息标准体系，拟制信息分类与代码、数据元字典、数据模型、数据采集与识别等应急物流信息技术标准。制定需求分析、系统集成、软件设计、数据建设、推广应用等技术规范，用于指导和规范应急物流信息系统建设和推广应用各项工作。除了加快应急物流信息系统建设之外，还应加大物联网（IOT）、大数据（BD）、射频识别（RFID）、地理信息系统（GIS）、全球导航卫星系统（GNSS）、第五代移动通信技术（5G）等现代信息技术在应急物流领域推广应用和集成创新的力度，全面提升应急物流保障的信息化水平。

三、应急物流法规标准集成化管理

完善应急物流法规制度，实现法治化应急物流，是确保应急物流规范运行的重要条件。要健全应急物流法规制度，制定应急物流标准体系，实现从政出多门、独立分散向体系配套、规范统一转变，从军地自成一体向军地协调一致转变。要切实加强应急物流法规制度的宣传贯彻，切实做到有法必依、违法必究、执法必严。只有完善、健全的配套保障，才能确保在应急事件发生时，政府在动员组织相关人员和社会资源实施应急物流保障时，能够在法律上有法可依、在协调上畅通无阻、在预案上有所准备，确保在联合应急行动时应急物流高效保障。

一是完善应急物流法规制度。当前，应急物流方面的法规制度相当匮乏。应当着眼规范职责、理顺关系、协调一致、形成整体，组织制定应急物流法规制度，调整和规范军地在应急物流建设、管理和保障等方面的职责、义务和权利，实现对军地应急物流的集成化管控。要推动应急物流进入《中华人民共和国突发事件应对法》《中华人民共和国国防动员法》《应急物资储备条例》《应急物流保障条例》等国家法规。从国家应急供应链全局角度，基于应急供应链运行要求，修改或完善某些不相适应的法规制度，重点完善应急供应链、应急物资供应商管理、物流企业应急动员、应急物流保障等相关法规。

二是完善应急供应链物流基础标准。按照国家标准化管理委员会《物流标准化中长期发展规划》有关精神，依托国家重点研发计划课题“应急物流标准体系研究”，论证编制“应急物流标准体系表”，为应急物流标准化建设和集成化管理提供重要依据。进一步完善应急物流基础标准，建立军地统一的应急物资编码标准、应急物流流程标准、应急物流技术标准、应急物流管理标准，具体包括应急物资分类编码标准、应急物流装备分类编码标准、应急物流设施标准、应急装卸搬运工具标准、应急物资消耗标准与储备标准等。

三是完善应急物流信息标准。建立贯穿应急物流各环节的通用数据标准和应急物流信息传输标准，重点明确应急物流设施设备等相互衔接的技术标准以及军地通用数据标准等。

第三节　应急供应链物流集成化管理的对策措施

按照应急供应链物流集成化管理的主要内容，可采取以下对策措施。

一、统筹规划应急物流布局，优化配置应急保障力量

要抓好分类重点建设，按照应急物流基地分级分类、突出重点的原则，科学筹划、统筹兼顾，整合仓库资源，集成化管理储存能力，降低物流成本，提高综合应急保障能力。应急物流基地地理位置很重要，基地应建在交通条件便利、发展空间较大的地方。按照“发挥规模效应、降低集成化管理成本”的原则和“大型化、综合化、集约化应急物流基地”的模式，加强器材储存保管、组套包装、维护保养、分拣配送等功能建设，重点加强器材储存和远程投送能力建设。

二、完善基础配套建设，全面提高应急保障能力

一是提高设施配套水平。以应急物资储备与应急保障任务需求为牵引，围绕应急物流基地交通运输、供水供电、业务办公等要求，加强铁路专用线、装卸站台、应急基地道路、库外战备公路、给排水系统、电网线路、业务人员办公等基础设施建设，不断增强应急物流基地日常作业能力和综合应急保障功能。

二是增强技术维护能力。大力加强库存器材包装、维护保养等质量集成化管理。按照应急物流基地分级与功能区分，重点完善应急物流基地检修所需器材包装、检测、维护保养等设施。新建整修部分保养间，配套包装、保养设备；通过人员培训和技术外协，增强应急物流基地自身的器材维护保养能力；制定技术集成化管理规定与操作规程，推动库存器材技术检测与维护保养的定期开展，确保库存器材质量完好。

三是强化应急保障能力。因地制宜开展应急供应链物流核心保障能力建设，完善应急保障器材包装、组套、集装与储备，配齐应急收发作业工具设备，不断完善应急供应链物流保障预案，抓好检验性训练演练，切实增强应急供应链物流保障能力。应急物流基地结合承担开设应急配送中心及临时应急物流保障点的任务，有针对性地筹措配置机动应急保障作业和野外生存的装备、设备与器材，做到随时能拉得出、走得了、供得上，达到快速、准确、高效应急保障的要求。前期进行试点建设，之后逐步推广落实。

三、积极推进“两化”建设，不断提升管理效率

一方面，加强信息化建设。一是按照信息化建设规律，搞好顶层规划设计，研究制定应急物流基地信息网络建设、器材编码、自动识别和信息集成化管理系统开发应用等标准，加强应急物流基地信息系统建设，确保应急物流基地信息化建设有序发展。二是做好网络建设，以应急综合信息网络为基础，重点抓好应急物流基地局域网建设，实现有关部门、应急物流基地、三级业务机关以及应急物流基地、应急物流中心、仓库、重点部位的互联互通；积极探索器材条

码、射频识别、自动化控制、集成化管理可视等技术的开发与应用，努力推动应急物流基地信息化建设水平的提高。三是抓好信息技术推广应用，及时跟踪军内外物流信息技术发展，建立基于信息网络的业务集成化管理机制，切实提高应急物流基地工作效率和质量。

另一方面，加强机械化建设。科学编制器材收发作业和技术作业机械设备的配置标准，按照通用性强、维修性好、集中采购、系列配置的思路，统一选配器材搬运机械和维护保养设备。着力加强搬运机械设备的配备，积极探索机械设备与作业方式有机结合的途径，大力推进应急物流基地集成化管理技术的创新，加快器材包装标准化、储运集装化、检测数字化、保养机械化、作业自动化的步伐，全面提升应急物流基地机械化作业水平。

四、加强安全防护建设，强化综合防范能力

一是加强物防建设。按照应急物流安全建设相关标准要求，着力解决现有业务设施的防雷、防洪、防盗、消防和隐蔽伪装等方面所存在的问题，逐年安排各应急物流基地改建或整修避雷针（线、带）、排水沟（渠、涵）、库区围墙（刺网）、库房门窗及锁具、消防管线、消防器材站以及建筑物迷彩伪装等，使应急物流基地安防设施达到相关标准。

二是加强技防建设。科学选配适合应急物流基地的安防监控系统，充分运用视频监控、电子门禁、消防监控、温湿度监控、防雷系统、智能钥匙柜、电子巡更、电子围栏等先进技术手段，实现应急物流基地安全监控自动化和可视化，有效提高应急物流基地防护能力。

三是加强人防建设。进一步健全应急物流基地安全集成化管理规

章制度，细化安全集成化管理职责与分工，建立检查监督、责任追究、应急处置、安全评估等安全集成化管理机制，实现人防、物防、技防的有机结合，切实提高应急物流基地安全防范系数，加强安全集成化管理的主动权。

五、健全法规标准体系，规范管理运行秩序

一方面，健全应急物流集成化管理法规标准。依据《应急供应链物流集成化管理规则》，各单位根据实际情况进一步制订业务集成化管理、职工集成化管理等细则，完善器材包装、维护保养等作业的操作规范和技术标准。

另一方面，推进应急供应链物流集成化管理规范化。抓好应急供应链物流集成化管理相关法规、标准的宣贯，从规范场所秩序、器材储存、收发管理、质量监控、设施设备集成化管理、安全集成化管理、专业训练、厂家代储等方面的工作入手，严格标准、严格集成化管理，适时总结应急供应链物流集成化管理情况，总结推广先进经验。定期组织检查考评，表彰先进，努力营造争先创优的良好局面，全面提升应急供应链物流集成化管理规范化水平。

六、加强人才队伍建设，提升人才综合素质

一是完善人才选用制度。积极申请选用对口专业毕业学员，安排合适岗位，充分发挥作用。制定集成化管理措施，严格控制业务人员特别是技术骨干的调岗、复退。努力保证技术骨干按时晋级，关心解决他们的生活困难，使其安心工作，服务应急物流基地建设。

二是健全在职培训机制。充分发挥各级抓训练工作的主观能动

性，完善院校轮训、其他专业机构培训、应急物流机构自训三级在职训练机制，机关分阶段、分层次、分批量组织新装备知识、现代物流集成化管理和应急保障方法的培训，定期开展训练比武和综合演练，保证专业人员业务素质适应应急供应链物流集成化管理与新装备发展的要求。

三是建立资格认证制度。按照新的有关规定，逐步研究建立业务人员技能培训、考核、资格认证机制，要求应急物流指挥管理人员和采购员、保管员、机械操作手、安全监控员、维修保养员、器材包装员以及信息化集成化管理人员等持证上岗，促进应急供应链物流保障专业队伍业务素质整体跃升。

四是改善训练演练条件。充分利用军地科研院校的教学资源，发挥应急物流机构的基础培训作用，完善专业知识和综合演练教学设施设备的配套，逐步形成两级培训中心；集中力量编写、修订专业培训教材，制作专业模型、挂图，积极探索电子仿真教学改革的道路，确保专业培训质量。

第八章　应急供应链信息集成化管理

应急供应链集成化的核心是应急供应链信息集成化管理。抓住历史机遇，迎接现实挑战，加快我国应急供应链信息集成化管理的推进步伐，是顺应时代发展趋势，推动应急供应链集成化管理实现跨越式发展的一项战略任务。应急供应链信息集成化管理能够促进应急保障模式由“低效供应型”向“快速反应型”转变，应急保障重点由数量规模型向基于信息的质量效能型转变。应急保障人员可运用应急供应链集成化管理信息系统及时掌握应急物资需求单位需求，精确组织应急物资投送，实时监控应急供应链计划、生产、采购、运输、仓储、配送、回收、结算等环节，以达到缩减应急保障层次、简化应急保障程序、优化应急供应链保障流程和节约应急保障经费的目的，从源头上防止决策失误和管理失策。

第一节　应急供应链信息概述

应急供应链信息是反映应急供应链集成化管理环境和管理活动情况的数据、资料、消息等的统称，是应急供应链集成化管理决策和计划的基础，是组织、协调、控制应急供应链集成化管理活动的依据，是沟通应急供应链内部及其与外部联系的纽带，对确保应急供应链集成化管理科学化、规范化、精准化有重要作用。

应急供应链信息按信息来源可分为内部信息和外部信息。内部信息是反映应急供应链系统内部状态的信息。内部信息包括自上而下流动，用于决策、计划、组织、控制和协调的信息，如上级下达的任务、计划、命令、指示、通知、通报，颁发的应急供应链法规标准等；自下而上流动，反映应急供应链系统运行状态的信息，如各种登记、统计显示的原始数据等；横向流动，反映其他单位应急供应链情况的信息，如各国家应急管理部门、各业务部门之间的情况交流等。外部信息是反映与应急供应链系统有关的外部环境状况的信息。外部信息包括应急信息，如具有新内容的应急消息、情报、指令、数据和信号等；政治信息，如国家应急管理部门的方针政策等；经济信息，如国家应急管理部门的经济政策信息等；科技信息，如医疗卫生、应急运输、应急设施等领域应用新科技状况等；自然环境信息，如对应急供应链工作有影响的水文、天文、气象、地理、地质资料等。

为了保证应急供应链信息的质量完整、及时、准确、适用和经济，通常采取下列措施：一要完善应急供应链集成化管理信息系统，形成纵横交错的信息网络，及时收集、处理有关信息；二要建立应急供应链信息管理制度，如明确信息工作人员的职责、权力，规定收集信息的内容、程序、方法和传输渠道，制定信息加工、处理与使用的有关制度等；三要运用现代信息技术，如人工智能、大数据、物联网等进行信息处理，提高应急供应链信息工作效率。

第二节　应急供应链信息集成化管理的基本要素

应急供应链信息集成化管理是一个庞大的系统工程，涉及诸多要素。应急供应链信息集成化管理的构成要素是指构成应急供应链信息集成化管理的必要因素。应急供应链信息集成化管理体系构成主要有以下几个相互制约、相互依存的要素，即应急供应链信息集成化管理规划、应急供应链信息资源、应急供应链信息基础设施、应急供应链信息技术、应急供应链集成化管理信息系统、信息化应急物流装备、应急供应链信息集成化管理法规标准以及应急供应链信息集成化管理人才队伍。

一、应急供应链信息集成化管理规划

应急供应链信息集成化管理总体规划是指应急供应链信息集成化管理的大政方针，即应急供应链信息集成化管理顶层设计的主体内容，如应急供应链信息集成化管理的总体规划与计划等。

二、应急供应链信息资源

应急供应链信息资源是指在应急供应链保障实践活动中经过有序化加工处理并积累起来的有用应急供应链信息的集合，如前后方态势信息、应急保障任务、应急保障力量、应急保障对象、应急供应链资源分布信息、应急供应链保障环境信息等。应急供应链信息资源是应急供应链信息集成化管理的核心要素，深入开发和广泛利用应急供应链信息资源，既是应急供应链信息集成化管理的核心任务，也是应急供应链信息集成化管理取得实效的关键。

三、应急供应链信息基础设施

应急供应链信息基础设施是应急供应链信息传输、处理、安全防护和综合管控的各种软、硬件设施的总称，是应急供应链信息资源开发利用和信息技术应用的基础，是应急供应链信息传输、交换和共享的必要手段。从应用角度划分，应急供应链信息基础设施是应急供应链信息的“高速公路”，主要包括应急供应链信息传输平台、信息处理平台、基础服务系统和信息安全应急保障系统等。

四、应急供应链信息技术

应急供应链信息技术是应急供应链信息集成化管理的物质基础，是为实现应急供应链信息获取、传输、交换、处理、运用等功能的所有技术的总称。应急供应链信息技术应用，是实现应急供应链信息化的原动力和主阵地，集中体现了应急供应链信息集成化管理的需求和效益。应急供应链信息技术应用工作量大、涉及面广，直接关系应急供应链信息集成化管理质量和应急供应链指挥控制能力的提高。要推进现代信息技术在应急保障各相关部门的广泛应用。

五、应急供应链集成化管理信息系统

应急供应链集成化管理信息系统主要包括应急保障供应商集成化管理、应急保障需求集成化管理、应急保障计划集成化管理、应急物资生产集成化管理、应急采购集成化管理、应急运输集成化管理、应急储备集成化管理、应急配送集成化管理、应急物资回收集成化管理、应急保障经费集成化管理等模块。

六、信息化应急物流装备

信息化应急物流装备是指在各类应急物流装备逐步实现机械化的

基础上，加大现代信息技术应用和信息化智能化改造力度，显著提高其信息化智能化水平。

七、应急供应链信息集成化管理法规标准

应急供应链信息集成化管理法规标准既是应急供应链信息集成化管理政策法规和标准规范的简称，也是应急供应链信息集成化管理法律法规和标准的统称。应急供应链信息集成化管理标准主要规范与应急供应链信息集成化管理需要的软件和硬件的技术标准规范与应急物资信息分类及代码，核心是物与物之间的关系。

八、应急供应链信息集成化管理人才队伍

应急供应链信息集成化管理人才，包括应急供应链信息集成化管理的指挥控制人员人才、掌握信息技术的业务人才、精通信息技术的专业人才。应急供应链信息集成化管理人才既是应急供应链信息集成化管理的关键要素，又是应急供应链信息集成化管理的根本保证。应急供应链信息集成化管理人才是指思想政治素质过硬、经过联合应急保障与应急供应链集成化管理指挥理论系统培训、熟练掌握应急供应链信息集成化管理理论知识、具备应急供应链信息集成化管理能力素养、胜任应急供应链信息化集成化管理职责的高素质应急供应链信息集成化管理人才。应急供应链信息集成化管理人才主要由主导应急供应链信息集成化管理的指挥控制决策人才、掌握应急供应链信息技术的专业管理人才、精通信息技术应用的实务操作人才构成。

第三节　应急供应链信息集成化管理存在的主要问题

应急供应链信息集成化管理的实质是依据未来重大应急事件需求，充分利用以现代信息技术为核心的高新技术群，对应急供应链进行全方位全流程优化过程。目前我国应急供应链信息集成化管理水平与应急供应链集成化管理的整体要求还相差甚远，与国家应急管理体制的总体要求也有较大差距，主要存在以下突出问题。

一、顶层设计相对缺乏

缺乏对应急供应链信息化的总体规划和系统论证，存在短期行为，有关应急供应链信息集成化管理和发展的长期规划鲜有问津，短期课题却争报抢上，而且在线项目建设系统性不够。应急供应链信息集成化管理没有全局战略，缺乏远景规划，宏观调控与微观协调不够，经费投向投量难以控制，各部门往往根据自身业务需求、认识水平和经费额度各自为战，重复建设、投资分散、效益低下等现象较为普遍，资源浪费严重，造成低层次循环；缺乏统一的信息技术标准规范，数据资源开发、平台选择、功能设计等彼此独立，形成大量信息孤岛，信息资源难以共享，各系统之间无法实现无缝连接，更谈不上整体协调发展；缺乏统一的规章制度，信息集成化管理缺乏有效约束。这种状况与应急供应链集成化管理的系统性、集成性要求不相适应，直接影响了应急供应链信息化的建设成效。

二、技术装备相对落后

应急保障部门现有网络运行仅限于各级局域网和应急保障业务系统，共享能力低。应急保障单位之间没有实现联网，应急物资集成化管理仍然靠原始手段，底数不清、效率不高，与联保联供和可视化要求不相适应。系统软件零散且不兼容，难以共享；信息资源存量偏小、更新不及时、利用率较低，是明显的“短板”。信息资源建设比计算机等硬件建设的投入要多几倍甚至几十倍，但各级重“硬”不重“软”、重“建”不重“用”的现象普遍存在。

目前使用的应急保障技术装备有很大一批已经落后，规格型号五花八门、参差不齐，陈旧笨重、协调性差，机械化水平低，信息化、自动化、智能化功能较弱，改造难度较高。这样的技术设备显然无法与大量使用集成芯片、条码、射频、传感器等光电技术的应急物流装备协调工作。如果对其进行信息化改造，由于机电控制系统的稳定性较差，又不可能简单地通过现代信息技术的“贴花”“移植”等方式来实现。

三、经费投入相对不足

当今世界各国的应急保障装备，都在由机械化装备向信息化装备过渡，只是过渡速度快慢不同而已。西方国家的应急保障装备信息集成化管理起步较早，已拥有相当比例的信息化装备。我国的应急保障装备仍绝大部分是半机械化或机械化装备，只有少量信息化应急保障装备。要改变这种现状，唯一方法就是要加大经费投入力度。当前国家以经济建设为中心，虽然应急管理经费有所增加，但在今后相当一段时期内，经费供需矛盾仍然突出，很有可能成为应急供应链信息集成化管理的“瓶颈”。经费供不应求的矛盾比较突出，严重阻滞了应急供应链信息集成化管理。由于经费投入规模较小，信息集成化管理经费有限，与发达国家相比总感心有余而力不足。

在经费分配上，内部比例不协调，进一步影响了应急供应链信息集成化管理的发展。目前，我国经费内部分配管理的某些方面还不同程度地存在着宏观调控不力、效益发挥不佳和损失浪费严重的现象。在经费分配上缺乏科学合理的分配程序，审批不及时、计划与经费相脱节等问题依然存在。由于以上原因，造成了各级、各部门在经费分配上分与争、压与超的矛盾，这就必然会影响应急供应链信息集成化管理的健康发展。应急供应链信息集成化管理是一项广泛应用高新技术的系统工程，需要大量经费做后盾，并且设备维护更新、软件研制开发等方面还需不断注入资金。因此，亟须将应急供应链信息化系统软硬件设备设施列入装备编制，明确标准经费，确保应急供应链信息集成化管理的规范发展。在建设规模上，存在不断增大的信息集成化管理需求与建设经费不足的矛盾。

此外，现有经费使用不当。建设智能化应急仓库等盲目追求高标准、高投入，认为“有钱就能买来信息化”，不认同“适用”标准。因此，购买计算机、通信设施等信息化设备时，不惜血本追求高档次、高配置、高性能，结果往往因不能合理使用而造成极大浪费。

四、信息安全挑战严峻

由于应急保障体制的启动，在实施高效应急保障的同时，必然伴随着大量应急物资供求信息跨军地、跨区域的传输。信息传输量大、距离远、环节多，防御者难以了解与控制自身潜在的弱点与面临的威胁，而潜在攻击者却容易找到切入点实施攻击，于是增大了受攻击的概率。随着应急保障社会化的发展，应急物资供应商参与应急保障的力度将越来越大，这就造成信息系统结构庞大、节点增多、分支交错、关联复杂，信息可能被窃取的渠道增加。根据系统论原理，随着系统节点和传输环节的增多，其可靠性逐渐呈递减趋势。庞大而复杂的应急供应链集成化管理信息系统为其安全运行埋下“隐患”。

随着非核心业务外包的逐步深入，出于应急保障需要，应急物资供应商与应急保障部门及应急物资需求单位有着互通信息的需求，客观上要求应急保障部门计算机网络系统要与应急物资供应商实现互联。计算机联网后，其传输线路大多由载波线路和微波线路构成，网络越复杂，线路通道分支就越多，输送信息的区域也就越广，截取信息的条件也就越便利，窃密者只要在网络中的任意一个分支或某一个节点进行窃取，就可以获得整个网络输送的信息，导致信息泄密现象日趋严重。

在应急保障条件下，我国应急供应链集成化管理信息系统各个环节都存在着一些缺陷和漏洞，信息安全面临严峻挑战。必须通过积极有效的信息防护来对抗信息进攻，取得主动权，实现精确、及时、高效的应急保障。

五、信息系统通用性差

目前，应急供应链集成化管理信息系统存在着军地统一、相互兼容、通用性好、整体功能强的要求与各自为政所造成的规模不统一、软件不配套、系统功能低、各系统间缺乏联系、互通性差的矛盾，因此难以实现应急物资集成化管理信息系统“统”（数字代码、集成化管理规范等的统一编制）、“通”（信息网络横向、纵向的互联互通）、“同”（体系结构、操作平台等的同一标准）。应急物资集成化管理信息系统重复建设和资源浪费相当严重。

由于宏观控制与协调不够，应急物资集成化管理信息系统的研制开发经费投量投向难以控制，造成各自为战、低层次循环，这种状况与应急供应链集成化管理的系统性、整体性要求不相适应，直接影响了应急物资集成化管理信息系统的建设成效。

六、信息人才相对稀缺

目前，应急保障中心等应急保障相关部门普遍设有信息中心，但是现有人员中信息技术及相关专业科班出身的仅占编制总数的四分之一，而且这部分人员，有些只懂本专业，不懂应急保障具体业务；有些只懂软件使用，不懂硬件设备；有些只懂专业应用，不懂研究开发。总之，缺乏信息技术研发人才和信息化应急保障指挥人才，信息化人才的金字塔结构比例严重失衡。从人才使用现状来看，有些单位普遍存在重使用轻培养现象，对信息化人才建设缺乏长远打算和通盘考虑，致使信息化人才的发展空间严重受限，加之全国信息集成化管理部门和技术力量编制尚未明确，致使信息化人才心存疑虑。

应急保障相关部门信息人才匮乏问题比较突出，严重制约应急供应链信息化的建设进程。这主要表现为以下“四个不平衡”：一是信息化装备与信息化人员能力水平的不平衡，人员素质滞后于信息化装备更新水平；二是东部沿海发达地区单位的人才水平与西部偏远地区单位的人才水平不平衡，东部发达地区单位高于西部偏远地区单位；

三是指挥控制人员干部的信息化水平与一般干部的信息化水平不平衡，一般干部高于指挥控制人员干部；四是信息系统建设与使用上的不平衡。建设时高投入、高档次，建成之后用不好、管不好、用不长，致使一些新装备、新设备的功能开发及应用受到很大限制，造成极大浪费。

第四节　应急供应链信息集成化管理的总体思路

坚持走军地应急体系联合发展之路是应急能力建设的基本经验，是被实践证明有效的指导原则。应急供应链信息集成化管理应加强顶层设计、整体规划和科学统筹。

一、应急供应链信息集成化管理的指导思想

正确的指导思想是应急供应链信息集成化管理的基本前提和重要保障。新时代新阶段，我们要在更广的范围、更高的层次、更深的程度上加强应急供应链信息集成化管理，为此必须遵循以下指导思想。

坚定实施应急供应链信息集成化管理的总体战略，必须以习近平新时代中国特色社会主义思想为指导，落实总体国家安全观和新时代国家应急供应链体系发展战略，以强国兴军为导向，贯彻新发展理念，把握世界新科技革命和产业革命的历史机遇，抓住加快我国应急供应链信息集成化管理的契机，坚持经济发展和应急应战相统一，坚持深化改革创新，坚持军地协同推进，坚持全面有序合作。以促进应

急供应链创新发展为战略目标、以体制机制创新为保障、以技术集成应用创新为核心、以法规标准集成化管理为支撑，整合军地资源，加强统筹规划，促进协同发展；加强自主创新，注重应用牵引；加强监督管理，保障信息安全；加强政策扶持，优化发展环境。重点突破应急供应链信息集成化管理核心技术，研制应急供应链信息集成化管理关键标准，拓展应急供应链信息集成化管理技术规模应用，推动应急供应链体系的科学发展。

二、应急供应链信息集成化管理的基本原则

应急供应链信息集成化管理是一项全新的重大现实课题，其内容广泛、涉及面广，迫切需要军地双方、全社会的长期共同努力。为此，必须坚持以下基本原则。

一要坚持需求导向与政策引导相结合。

应急供应链信息集成化管理要充分考虑联合应急行动需求，做到国家、军队、地方各层面有机贯通，物流、资金流、信息流、商流、业务流、能量流相互协调，应急供应链业务管理有效转型，相关扶持政策必须服从并服务于国家战略和联合应急行动需求。

二要坚持军地统筹与专项发展相结合。

一方面，应急供应链信息集成化管理要加强顶层设计，打破部门壁垒，强化战略统筹，突出一体筹划，强化对应急供应链信息集成化管理政策制度体系、法律法规体系的一体设计和有效供给。另一方面，还应对应急供应链智能管控系统、应急供应链物联网、应急供应链信息集成化管理数据中心、应急供应链编目系统等重大现实课题进行重大专项扶持发展。要抓紧应急供应链重大集成化管理项目的落地

实施，尽早收获应急供应链信息集成化管理的战略红利。

三要坚持改革创新与体系化管理相结合。

要找准突破口，精准发力，用改革的思路、创新的举措，大力推进应急供应链信息集成化管理。要以统筹、开放、共享为着力点，以机制创新和制度改革为抓手，持续推动应急供应链体系重大改革，坚决拆壁垒、破坚冰、去门槛，让参与应急供应链信息集成化管理的市场主体有更多获得感，最大限度地释放和激发推动应急供应链信息集成化管理的内在动力。应急供应链体系是一个有机系统，根据“木桶效应”原理，系统的整体功能主要由系统的“短板”决定。为了提高系统的整体功能，必须集中力量解决好系统的“短板问题”。为此，应急供应链信息集成化管理既要鼓励创新，突出融合创新工程建设，又要根据应急供应链体系的特点和规律，抓住我国应急供应链体系面临的主要矛盾和薄弱环节，解决矛盾，加强薄弱环节，提高应急供应链信息集成化管理的整体效能。同时，要博采众长，为我所用，发挥应急供应链在“信息流控制人员流、物流、商流、业务流、能量流”流程中的枢纽作用，提高应急供应链信息集成化管理水平。

四要坚持示范带动与全面推进相结合。

应急供应链信息集成化管理是一项复杂的系统工程，绝非一朝一夕，一蹴而就之事，需要长期积累、循序渐进、逐步完善。应急供应链信息集成化管理要在科学统筹规划的基础上，坚持先试点再示范，最后再全面推进。要瞄准应急供应链信息集成化管理的重点领域、重点区域、重点企业、重点项目等，选树典型、示范引领、以点带面，扩大应急供应链信息集成化管理典型示范影响，形成规模保障效应和范围保障效应。

五要坚持平时集成化管理与急时集成化运用相结合。

应急供应链信息集成化管理要坚持平急战结合。要充分考虑应急供应链信息集成化管理的科学标准和综合效益，要使应急供应链平时的集成化管理与保障为急时的运用奠定坚实基础，切实增强应急供应链平时服务、急时应急、战时应战的综合保障能力。

六要坚持硬件集成化管理与软件集成化管理相结合。

要坚持应急供应链硬件集成化管理与软件集成化管理并重，重点突破“异构集成、互联互通”的应用难题，实现由“分散低效”向“智能互动”转型。要坚持应急供应链内涵发展、集约发展和高质量发展，把思考和工作的重点放在创新体制机制、优化保障方式，完善集成化管理标准规范等方面。

七要坚持项目集成化管理与全寿命管理相结合。

应急供应链体系建设发展不仅要重“建”，更要重“管”，通过严格管理建立起有效的运行机制，提高应急供应链整体效能。要形成应急供应链配套标准规范制度，实行应急装备立项、研制、定型、列装、使用、维护、改进、退役的全寿命管理。

八要坚持立足自身与依托社会相结合。

应急供应链信息集成化管理应坚持立足国家应急保障力量和依托社会应急供应链相结合。坚持有所为、有所不为，充分利用地方人力、物力、财力和技术资源，军地合理分工，协同攻关，全方位、多角度地共同推进应急供应链信息集成化管理水平。

三、应急供应链信息集成化管理的总体目标

从短中期来看，要实现应急供应链信息集成化管理关键技术创新

能力显著增强，应用规模与集成化管理水平显著提升，初步形成创新驱动、应用牵引、协同发展、安全可控的应急供应链发展格局。要以保障信息流引导保障资源流，变被动接受需求报告为主动感知需求表征，变保障态势盲视为实时可视，变计划调控为动态调控，为实现联合应急保障行动的适时、适地、适量、适用提供可靠的智能化手段。

从长期来看，应急供应链信息集成化管理的总体目标是建成现代化的强大的应急供应链体系，实现应急保障需求实时可知、应急保障资源实时可视、应急保障活动实时可控。要广泛应用应急供应链信息集成化管理技术和新一代信息技术，大力提升应急供应链信息集成化管理整体水平，基本实现应急供应链机械化、信息化和智能化的深度融合，智能化整体发展达到世界一流水平，真正实现应急供应链信息集成化管理的实时可知、可视、可控，最终实现从“应急供应链信息化”向“应急供应链智能化”的全面跃升，基本实现以基础设施网络化、装备管理融合化、应急指挥智慧化、军地保障协同化、保障全程可视化、应急采购电子化为基本特征的智能化应急供应链体系。

第五节　应急供应链信息集成化管理的重点工程

应急供应链信息集成化管理是一项庞大复杂的系统工程，具有重大项目多、建设周期长、科技含量高、投资规模大等特点。要以实践应用带动技术创新，提高应急供应链核心保障能力。要开展一批具有引领和带动作用的示范应用，在示范先行的基础上逐步开展应用推广，有计划、有步骤地推进应急供应链信息集成化管理。当前乃至今后较长一段时间，应突出抓好以下几项重点工程。

一、应急供应链信息集成化管理总体战略制定工程

要积极协调军地有关部门，统筹推进应急供应链信息集成化管理的各项任务落地实施，尽快制定并逐步完善军地有关部门和地方政府应急供应链信息集成化管理的专项规划。制定明晰的应急供应链信息集成化管理的总体战略是应急供应链信息集成化管理的基础，基础不牢，地动山摇。应急供应链信息集成化管理战略，就是从总体战略高度对应急供应链信息集成化管理作出科学论证和总体规划。总体战略事关应急供应链信息集成化管理的大政方针，是应急供应链信息集成化管理的“龙头”。有了思路清晰规划合理的总体战略，应急供应链各项集成化管理任务才有明确的方向和科学的依据。应急供应链信息集成化管理任务急迫，经费供需矛盾非常突出，为了缩短集成化管理推进周期，最大限度地发挥经费使用效益，必须注重宏观谋划，搞好应急供应链信息集成化管理的总体设计、总体规划和总体部署，必须严格论证、周密设计应急供应链信息集成化管理的指导思想、目标原则、具体内容、方法步骤及阶段性任务，确保应急供应链信息集成化管理有计划、分步骤、重点突出、协调高效地推进。同时应成立权威的专家评估小组，确保顶层设计的顺利开展和及时可靠的必要修正，防止发生各行其是、自成体系、互不兼容和缺乏长远目标的短期行为。要根据应急供应链信息集成化管理总体战略部署，抓好任务分解和组织实施，强化督导落实。

二、应急供应链信息集成化管理机制工程

推进应急供应链信息集成化管理，必须推进国家应急供应链系统和军队应急供应链系统协同运作，核心是建立健全应急供应链信息集成化管理机制。应急供应链信息集成化管理机制建设带有根本性和长远性，是深化应急供应链信息集成化管理的支点。应急供应链能否健康持续发展，关键要看能否形成适合中国国情的应急供应链信息集成化管理机制。应急供应链信息集成化管理机制是由一系列有机联系的机制组成的一个大系统，主要包括法规标准机制、组织指挥控制人员机制、工作推进机制、绩效评估机制和奖惩激励机制。

一是健全法规标准管理机制。推进应急供应链信息集成化管理离不开法规标准这个坚强后盾。要积极协调地方党委、政府，紧密结合本地实际，围绕应急供应链信息集成化管理的工作重点，将应急供应链相关政策进一步深化细化，形成具有强制约束力的法规标准。

二是建立组织指挥控制人员机制。建立应急供应链信息集成化管理的指挥控制人员管理和协调机构，强化应急供应链信息集成化管理的筹划组织和检查督导，落实双重指挥控制人员、双重保障，为应急供应链信息集成化管理提供组织保证。

三是完善工作推进机制。完善需求提报、情况通报、信息共享、联署办公、联席会议等各项制度，规范沟通协调、工作程序、评估监督渠道，加强军地应急供应链交流互通、互动衔接，搞好重大应急供应链项目融合对接和协调推进。

四是推行绩效评估机制。统筹制定应急供应链绩效考核评估体系，定期对规划计划执行、重大集成化管理项目进展、综合效益发挥

等情况进行分析评估，及时纠偏正向，确保工作质量。

五是落实奖惩激励机制。制定应急供应链工作奖惩措施，落实定岗定责和奖惩兑现；出台市场准入、税收减免、投资融资等方面的优惠政策，调动地方应急供应链企业积极性，促进提高应急供应链经济效益。

三、应急供应链信息集成化管理技术应用工程

聚焦军地高度关注、军民共用性强的应急供应链共性技术、前沿引领技术、颠覆性技术以及重大科技项目等，推进应急供应链技术基础要素融合，以协同创新提升应急供应链整体实力。现代技术应用是应急供应链信息集成化管理的主导要素，它带动和影响其他要素的发展，并成为应急供应链信息集成化管理的原动力和主阵地。实际上，应急供应链信息集成化管理的实质就是将现代技术及其成果不断渗透和物化到应急供应链的各个环节。应急供应链信息集成化管理中的现代技术含量比较高，应涵盖军地、国内外一切有利于并能被应急供应链信息集成化管理采用和吸收的先进技术。应急供应链技术不仅包括传统意义上的计算机科学和技术，即微电子技术、卫星通信技术、网络技术、多媒体技术，还包括全球定位技术、电子数据交换技术、人工智能技术、模拟仿真技术、安全监控技术、温湿度控制技术、自动识别技术等相关技术。要积极推动北斗定位技术、现代传感技术、云计算技术、新一代宽带网、下一代互联网、移动互联网、虚拟化技术、AR/VR、无人化技术等新一代技术在应急供应链领域的广泛运用。有关部门积极研究和实施应急保障装备的智能化改造，采用嵌入、移植等方式，提高应急保障装备的智能化程度。

通过现代技术的广泛应用，可使各级应急保障人员快速、准确地掌握在库物资、在运物资和周转物资的有关信息，在应急供应链查询、筹措、运输、储备和配送中做到快速高效，实现应急供应链体系的精确化保障。现代技术的开发应用能力直接决定应急供应链信息集成化管理的水平和进程，是应急供应链信息集成化管理的一个决定性因素。离开现代技术，应急供应链信息集成化管理将是无源之水、无本之木。应急供应链业务流程优化是由现代技术的广泛应用来牵引并驱动的，它是衡量应急供应链信息集成化管理水平的重要尺度。实践表明，现代技术应用于应急供应链信息集成化管理的速度越快、范围越广、力度越大，提升应急供应链整体保障效益的步伐也就越快，效果也就越明显。现代技术的开发和应用是当今世界应急供应链变革的力量源泉，是促进国家和军队应急保障力量的综合化和一体化，进而推进应急供应链信息集成化管理全面跨越的强大动力。

四、应急供应链应急物资编目系统集成化管理工程

应急供应链应急物资编目系统集成化管理主要涉及以下几个方面：构建应急供应链编目数据体系，研究确定应急物资分类、编码和属性，研制应急物资编目数据采集、数据服务、系统管理等工具，引进转换国内外物资数据，采集处理应急供应链数据，形成应急物资编目数据库。随着现代应急供应链体系的逐步深入，应急物资编码逐步向应急物资编目方向转变，应急供应链应急物资信息处理由识别应急物资信息向管理应急物资信息方向转变。建立应急供应链应急物资编目系统，统一应急供应链应急物资信息环境，为减少应急供应链保障环节、提高应急供应链保障效能、降低应急供应链保障成本提供有力

支撑。应急供应链应急物资编目系统是应急管理部门采用标准化手段，统一采集、存储、处理应急供应链基础数据、管理数据和技术数据，为各级各部门提供应急物资信息服务保障的环境。简而言之，应急供应链应急物资编目系统就是标准化的“应急物资—名称—识别码—描述数据”的信息环境。应急供应链编目系统必须维护“一物一品一码一串描述数据”的信息环境。它不仅涵盖几百万种应急物资的数据库，还是一个集信息法规和标准数据采集、管理和数据应用于一体的有机整体。

五、应急供应链信息集成化管理数据中心工程

应急供应链信息集成化管理数据中心是依托国家应急管理综合信息网络及应急供应链智能管控系统，对应急供应链信息集成化管理关键业务数据和核心基础数据进行集中存储和管理，提供专业化、跨部门的数据存储、交换、共享、分析和容灾恢复功能的网络化综合信息服务系统。应急供应链信息集成化管理数据中心在应急供应链信息集成化管理中处于核心和基础的地位，它既是实现应急供应链数据集成、业务集成、应用集成的重要途径，也是当前加强应急供应链智能管控系统集成化管理、提高应急供应链信息资源开发利用水平的重要措施和重要发展方向。建设应急供应链信息集成化管理数据中心，从而将分散在各应急保障部门的关键业务信息逐步集中起来，这样既能保持应用计算分布式的好处，又能实现集约化的信息存储、管理和服务。数据中心的建设对于促进应急供应链信息资源由分头集成化管理、自主设计、分散储存、分散管理、局部使用向总体规划、规范设计、集中储存、集中管理、安全共享的方向发展，实现应急供应链信

息集成化管理业务软件的网络化改造，推动应急供应链信息集成化管理业务处理模式的变革，具有重要的现实意义和深远影响。应急供应链信息集成化管理数据中心应具备数据存储、异地容灾、数据抽取、数据交换、数据共享、联机分析、安全控制和应用托管等方面的主要功能。

应急供应链信息集成化管理数据中心应在统一的应急供应链智能管控系统体系架构下，按照应急供应链数据字典的规定，结合具体业务应用需求来构建业务数据模型并生成相应的数据库，进而实现了其集中保存并维护相应数据的功能。必须对国家各级应急供应链信息集成化管理数据中心进行总体设计，充分论证其建设规模、数据分布和存储方式，通过对应急供应链信息集成化管理的各种数据进行梳理分析和总体规划，按照统一标准规范，对现有数据库进行规范化和网络化改造，建立结构合理、数据稳定、资源共享的多级应急供应链数据中心，构建集中与分布相结合的应急供应链基础服务平台，建立国家、军队、地方应急管理部门和应急保障部门多级应急供应链信息集成化管理数据中心，初步形成应急供应链集成化信息处理资源环境。目前应急供应链信息集成化管理数据中心建设尚处于起步阶段。

六、应急供应链智能管控系统集成化管理工程

应急供应链智能管控系统集成化管理的重点是抓好应急供应链智能管控系统的顶层设计、系统需求分析、系统详细设计、系统开发组织管理、系统运行管理与维护、系统安全管理等工作。应急供应链智能管控系统是现代应急供应链体系的重要支撑，具有资源透明可视、流程无缝衔接、过程实时管控等功能。应急供应链智能管控系统的整

体架构由四个层次和两个配套体系组成。四层次自下而上分为应急供应链基础设施层、专业系统层、系统构件层和集成应用层，两配套体系为应急供应链安全保密配套体系和应急供应链管理配套体系。应急供应链智能管控系统业务模块主要包括集中管控、计划管理、筹措采购、运输投送、储存保管、维护保养、装备维修、组套包装、分拣配送、统计核算、业务培训等。

七、智能化应急供应链装备集成化管理工程

应急供应链装备集成化管理必须突出机械化、信息化和智能化的高度融合，实现从“初步融合”向“深度融合”的明显转变。一要抓好现有应急供应链装备的智能化改造。有关部门应利用资源技术优势，推动智能化应急供应链装备的设计研发、生产制造和部队应用，对现有应急供应链装备采用“嵌入”方式进行智能化改造。所谓“嵌入”方式就是把具有通信、定位、图像、识别等功能的微型数字化装置、计算机自动控制系统等嵌入现有应急供应链骨干装备，提升现有应急供应链装备的智能化含量，推动应急供应链装备向集成化、模块化、智能化方向发展，增强应急供应链装备精确保障和持续保障能力。二要加快智能化应急供应链装备更新编配。继续坚持“成建制、成系统、形成应急保障力”的原则，对重点单位优先补充和更新应急供应链装备。

八、应急供应链物联网集成化管理工程

应急供应链物联网集成化管理是新一代信息技术在应急供应链领域的高度集成和综合运用，具有知识密集度高、带动能力强、综合效

益好的特点，是推动应急供应链信息集成化管理的新生动力。加快发展应急供应链物联网集成化管理不仅是应急供应链提升核心保障能力的战略选择，也是改造提升传统管理模式。应急供应链物联网集成化管理是促进应急供应链机械化、信息化和智能化“三化融合”的推力，也是提升应急供应链信息集成化管理水平的重要抓手。依靠科技进步与创新，在新的起点上迅速实现物联网技术在应急供应链领域的突破性应用，实质推动智能化应急供应链信息集成化管理，实现“智能供应、智慧保障”的集成化管理目标，抢占技术和人才制高点，对于加快应急供应链保障力生成模式转变、实现应急供应链核心保障能力的跨越式跃升具有十分重要的战略意义。应急供应链物联网集成化管理不能只炒概念，关键要实现“从云端走向落地”。要确立应用智能化应急供应链发展模式，以智能化应急仓库、智能应急配送、智能应急维修、智能应急包装、智能应急监管、智慧应急供应链、应急保障电子商务等物联网示范工程集成化管理为核心，加快形成全面感知、可靠供应、智能处理的“智能化应急供应链”基本框架。

第六节　应急供应链信息集成化管理的基本对策

应急供应链信息集成化管理必须从应急保障需要出发，立足应急保障“供得上”目标。应急供应链信息集成化管理是一项庞大复杂的系统工程，具有科技含量高、投资规模大、建设周期长等特点。把信息集成化管理摆到应急供应链集成化管理的战略地位，加强应急供应链信息集成化管理是当前的一项重要任务，必须加大建设力度。加强应急供应链信息集成化管理应注意以下几个方面。

一、搞好应急供应链信息集成化管理的顶层设计

应急供应链信息化顶层设计就是从应急供应链集成化管理的战略高度对应急供应链信息集成化管理与发展作出科学论证和总体规划。顶层设计是事关应急供应链信息集成化管理的大政方针，是应急供应链信息集成化管理的“龙头”。有了科学合理的顶层设计，应急供应链信息化各项建设任务才有方向和依据。应急供应链信息集成化管理任务极其艰巨，组织协调非常复杂，应特别重视顶层设计，统一规划，实行强有力的集中统一指挥控制。美国应急管理部门刚开始进行应急供应链信息集成化管理时，走的是各单位自行设计、自行建设的路子，虽然各自建设速度较快，但因没有注重顶层设计，缺乏统一规划，后来这些系统因互不兼容而不能适应应急需求需要，不得不重新投资进行一体化改造。我国开始进行应急供应链信息集成化管理时，尽管有人提出要注重顶层设计，但由于没有建立权威主管机构，加之建设经费不足等原因，也是自下而上进行，缺乏统一规划。目标不清、标准不明，重硬件轻软件、重单项轻系统，重复开发、重复建设，导致系统构成不配套、技术体制不兼容、标准格式不统一，不能充分发挥集成化的功效，造成了人力、物力和财力的巨大浪费。

我国应急供应链信息集成化管理任务急迫，经费供需矛盾非常突出，为了缩短建设周期，最大限度地发挥经费使用效益，更要注重宏观谋划，搞好应急供应链信息集成化管理的总体设计、总体规划和总体部署，对应急供应链信息集成化管理的指导思想、目标原则、具体

内容、方法步骤及阶段性任务，都应严格论证、周密设计，确保应急供应链信息集成化管理有计划、分步骤、重点突出、协调高效地发展。同时应成立权威的专家评估小组，确保顶层设计的顺利开展和及时可靠的必要修正，防止发生各行其是、自成体系、互不兼容和缺乏长远目标的短期行为。

二、加强应急供应链信息化的标准规范工作

标准规范主要包括应急供应链信息集成化管理需要的软件和硬件（含装备）的技术标准规范与应急物资信息分类及代码等。其目标是保证实现应急供应链信息集成化管理的标准化、规范化。建立应急供应链信息标准体系，完成应急物资编目及各项信息标准化工作。对现有应急供应链信息进行科学分类、合理编码，整合各类应急供应链信息资源，建立规范配套的应急供应链信息分类编码体系，形成全国统一的应急供应链信息技术标准和集成化管理使用标准，推动应急供应链信息集成化管理协调一致向前发展。同时，要着眼急时需要，对未来战场上涉及应急物资应急保障的各种相关要素进行统一的信息编码，为建立急时应急供应链数据信息处理系统打好基础。

目前应急供应链信息集成化管理在技术标准方面，存在相互兼容、通用性好、整体功能强的要求与各自为政、分散发展所造成的规模不统一、系统不兼容、互联互通性差的矛盾；在和应急需求信息集成化管理的关系上，也存在步伐不一致、标准不统一、相互不接轨的矛盾，等等。究其深层次原因就是应急供应链信息集成化管理缺乏一整套技术标准和集成化管理规范。应急供应链信息集成化管理是一个庞大的系统工程，涉及的部门多、层次多、环节多、技术复杂，只有

形成一套相应的标准规范，才能保障其持续、快速、健康发展。国外应急供应链信息集成化管理的实践表明，应急供应链信息集成化管理必须依赖标准化、规范化的支撑，否则就不可能成功。配套的应急供应链信息标准化管理体系能够促进应急供应链信息集成化管理技术上的协调一致和整体效能的实现。

三、加强应急供应链信息网络建设

应针对应急保障特点，着眼应急供应链集成化管理的要求，从一体化、网络化、智能化要求出发，进行应急供应链信息网络建设，逐步实现由电缆向光缆、由有线向无线、由模拟向数字、由人工向智能的转变。应急供应链信息网络对于增强应急供应链快速反应能力、提高应急供应链的应急保障时效性和准确性极为重要，必须把应急供应链信息网络建设作为应急供应链信息集成化管理的一个重点来抓，为应急供应链集成化管理提供通用信息化平台。努力实现有关部门与应急物流基地（中心）的全面联网；在此基础上，逐步实现全国应急物资供应部门全面联网。

应急供应链网络建设是实现应急供应链信息传输和信息资源共享的基础。要以现有的综合信息网为基础，按照统一规划，充分利用先进的计算机网络技术和通信技术，将各级应急保障部门、应急物流基地、应急物流中心、应急配送中心、应急物资需求单位、应急物资供应商等应急供应链各节点上的成员单位置于应急供应链信息网络之中，形成一体化的应急供应链信息网络系统。信息网络的结构，可根据应急保障任务需要，由多层次分级交互网、指挥集成化管理网构成，实现条块结合、纵横交错、互联互通。

要按照应急供应链信息集约化集成化管理的要求，建立应急供应链综合数据库，最大限度地实现应急供应链系统在网络环境中对应急物资供应商资源库、产品资源库、应急物资需求单位需求资源库等应急保障信息的集成与共享；通过数据库的交互与兼容，充分发挥应急供应链信息网络系统的信息传输和集成化管理信息系统的综合处理功能，提高应急供应链系统的灵敏反馈能力和快速应急保障能力，同时可充分运用社会网络信息资源。国家信息集成化管理的突飞猛进，为应急供应链信息集成化管理提供了良好的发展机遇和充分条件。

应急保障部门应充分利用政府采购信息集成化管理的技术优势，搭乘政府采购信息集成化管理的快车，提高应急供应链信息集成化管理水平。建立专用通信信道，利用计算机网络，过滤、接收政府采购网等网络资源上的应急物资供应商资源库、采购专家库、产品资源库等高价值信息，再将其统一纳入应急供应链信息网络系统。这样，可以借助政府采购信息集成化管理的技术优势，充分运用全社会的网络信息资源，为应急供应链集成化管理提供信息源泉。

四、加强应急供应链信息资源建设

应急供应链信息具有“黏合剂”和“倍增器”的作用，应急供应链信息流以控制和集成化，统筹管理着应急供应链物质流、应急供应链能量流和应急供应链资金流，没有应急供应链信息支持将无任何应急供应链指挥决策可言。信息资源是应急供应链信息化的最核心要素。共享性、重复使用性、无限性以及对其他资源可驾驭性的特征，使信息资源成为应急供应链中举足轻重的应急保障资源，应急供应链信息集成化管理的核心任务就是对与应急供应链相关信息资源的不断开发利用。应急供应链信息资源，主要是有关应急物资应急保障任务、应急保障力量、应急保障对象、应急保障资产以及各专业勤务等方面相关信息的资源。应急供应链信息集成化管理的直接目的是提高信息资源的利用率，即通过对信息资源的开发来优化物质资源和能量资源的配置和运用，提高应急供应链建设的效益和速度。

在应急保障过程中，准确和及时的信息资源是取得应急保障成功的关键所在。因此，应急供应链信息集成化管理是以掌握和支配足够的信息资源为核心展开的。实际上，应急供应链信息集成化管理的各种要素都是围绕着信息资源的开发和利用展开的，因而它必然成为应急供应链信息集成化管理的核心任务和核心要素。应急供应链信息资源可以分为公用信息资源和专用信息资源两大部分。信息资源的开发利用的关键是解决信息资源的共享问题。

应急供应链涉及部门广、涉及内容多，一般来说，各单位更重视专用信息资源，故专用信息资源十分丰富，而公用信息资源则较为薄弱。因此，应急供应链各种信息资源的共享就成为应急供应链信息集成化管理所追求的重要目标。要做到这一点，必须强化信息化的标准意识，努力实现应急供应链领域不同硬件、操作系统、数据库、应用程序之间的互联互通互操作和信息共享。实践证明，把握了应急供应链信息资源共享这一环节，也就在很大程度上解决了信息资源这一应急供应链信息集成化管理的核心问题。信息资源是信息化的基础，应急供应链信息化必须首先实现应急供应链各种应急保障资源的数字化和网络化，并对其实施一体化集成化管理。应急供应链信息资源建设要重点抓好编纂应急供应链业务信息代码，建立应急物资统计指标体系和应急供应链数据中心，制定应急供应链信息化通用技术规范和统一技术标准，建设应急供应链信息数字网，开发网络应用软件等。

五、加快应急物流装备信息集成化管理步伐

信息化应急物流装备是提高应急供应链保障效能的倍增器，对实现应急供应链信息集成化管理的跨越式发展具有十分重要的作用。要抓紧信息化应急物流装备的引进、研制、改造和列编。另外，对一些信息化应急物流重点装备，既要适当引进，也要集中力量加紧研制开发，促进应急供应链信息集成化管理整体水平的提高。

目前我国物流装备高科技含量普遍较低，与发达国家和我国应急需求装备相比，差距都比较大。因此，应加大对应急物流装备尤其是骨干装备的科技投入，特别要开发和利用信息技术，重点发展一批具有高技术含量和高科技性能的应急物流装备。

要着眼未来应急保障需要，加大自主创新力度，突出发展未来应急需求急需的新型应急物流装备，同时要对现有应急物流装备进行信息技术改造，努力在关键技术和重点装备上取得大的突破，逐步建成信息化、系统化、组合化、集装化和预置化的应急物流装备体系。为此，应做到以下两点：一是利用信息技术的渗透性，采取内部嵌入法提升单件应急物流装备的信息化含量，实现应急物流和应急保障效能的跃升；二是利用信息技术的系统性，采取系统集成法，将现有原本分立的应急物流装备或系统构成一个新的更高层次的系统，形成新的整体应急保障功能。

积极探索适合我国国情的信息化应急物流装备发展的道路。在信息化应急物流装备的发展上，不应尾随强敌之后，亦步亦趋，而必须立足于迎头赶超，走自己的路。在信息化应急物流装备建设重点上，

应着重加强应急供应链系统、机动应急物流装备、隐形应急物流装备、整装整卸装备等的建设；在发展途径上，要坚持对现有装备、设施进行信息化改造和跳跃式隔代研制新装备并举的方针。信息化应急物流装备建设必须实行与软件系统配套的“一体化”建设策略，在用现代信息技术改造传统应急物流装备的同时，大力研制数字化、自动化的应急物流装备。

六、加强应急供应链集成化管理应用软件开发

目前应急供应链集成化管理信息系统存在军地统一、相互兼容、通用性好、整体功能强的要求与各自为政所造成的标准不统一、软件不配套、系统功能低、各系统间缺乏联系、互通性差的矛盾。要紧密结合联勤条件下应急供应链集成化管理的实际需要，严格遵守统一的技术规范和总体要求，力求使应急供应链集成化管理信息系统应用软件具有实用性强、通用性好、经济性明显等特点。

应组织军地力量共同研制和开发全国统一的应急供应链集成化管理系统通用软件，统一全国各种通用应急物资、器材、装备等资源编码，建立以应急物资资源库、应急物流资源库、应急物资供应商资源数据库为基础的通用应急物资公用信息数据库；在此基础上研制开发各军兵种供应链集成化管理信息系统的专用软件，建立专用应急物资数据库，从而实现各系统间的互联互通。应急供应链集成化管理信息系统应用软件的开发组织要军地一体，将战略、战役和战术层次相结合，院校、科研机构、企业相结合，力求统一规划，统筹安排，有计划分层次地开发，防止盲目上马、重复研制，造成浪费。

凡是带有全局性的软件系统，一律由统一组织进行研制开发，在

全国推广应用目前更为重要的不是开发新的软件，而是抓好现有系统的综合集成，能统则统，破除门户之见，提高集成效益，发挥现有软件系统的作用。

七、推进现代信息技术在应急供应链中的广泛应用

现代信息技术应用是应急供应链信息集成化管理的主导要素，它带动和影响其他要素的发展，并成为应急供应链信息集成化管理的原动力和主阵地。实际上，应急供应链信息集成化管理的实质就是现代信息技术及其成果不断渗透和物化到应急供应链的各个环节。应急供应链信息集成化管理中的现代信息技术含量应较高，并应涵盖军地、国内外一切有利于并能被应急供应链信息集成化管理采用和吸收的先进技术。应急供应链信息技术不仅包括传统意义上的计算机科学和技术，即微电子技术、卫星通信技术、网络技术、多媒体技术，还包括全球定位技术（尤其是北斗定位技术）、大数据技术、云计算技术、电子地图技术、传感器技术、电子数据交换技术、自动识别技术、人工智能技术、模拟仿真技术、区块链技术、元宇宙技术等其他领域的新技术。通过现代信息技术的广泛应用，各级应急保障人员能够快速、准确地掌握在库应急物资、在运应急物资和周转应急物资的有关信息，并在应急物资查询、运输、储存和配送中做到快速高效，实现应急保障活动的精确化。

现代信息技术正成为应急供应链集成化管理发挥效能的核心，其“倍增器”效应，在应急供应链集成化管理上更显突出。把现代信息技术应用于应急供应链集成化管理，可以及时准确地掌控、分析应急供应链信息流，实时作出准确的分析判断，实施正确的应急供应链集

成化管理；可以将各个应急供应链上的应急保障单元连成协调一致、相互支援的统一体，实现应急供应链保障资源和应急保障需求的实时可视，能为应急物资用户提供适时、适地、适量的精确应急保障；可以节省大量的人力、物力，使联合应急保障行动由数量规模、人力密集和高耗低效型向质量效能、科技密集和低耗高效型转变。现代信息技术不仅是应急供应链集成化管理的“应急保障要素”，而且是“第一应急保障要素”。要在未来应急保障活动中，要对众多应急物资进行科学调度，做到指挥有方、保障有力，就必须用足用好这第一“应急保障要素”。

现代信息技术的开发应用能力直接决定应急供应链信息集成化管理水平和进程，因此是应急供应链信息集成化管理的一个决定性因素。离开现代信息技术，应急供应链信息集成化管理将是无源之水、无本之木。应急供应链优化是由现代信息技术的广泛应用来牵引并驱动的，它是衡量应急供应链信息化水平的重要尺度。实践表明，现代信息技术应用于应急供应链建设的速度越快、范围越广、力度越大，提升应急供应链整体应急保障效益的步伐也就越快，效果也就越明显。现代信息技术的开发和应用已成为当今世界应急供应链变革的力量源泉，它能够促进军地应急保障力量的综合化和一体化，进而推进应急供应链信息集成化管理的全面跨越。

八、强化应急供应链信息安全集成化管理

现代信息技术的发展犹如一把“双刃剑”，在借助其实施精确、及时、高效、低耗应急保障的同时，信息网络的开放性和信息资源的共享性也衍生出自身脆弱性。强化应急供应链信息安全集成化管理、

构筑坚固的信息网络“屏障”，已显得异常重要和极其紧迫。

必须采取有效措施加强系统防范，确保应急供应链信息集成化管理积极稳妥、安全保密。要强化应急供应链信息集成化管理系统设计人员的保密意识，对参与应急供应链信息集成化管理的地方信息化专业人员进行严格政审，从源头上防止失密、泄密的发生；在硬件设备的选配上，要精心筛选、严格把关，确保通用兼容、低辐射、抗干扰性强；在结构设计上要预留接口，充分考虑未来安全功能扩展的需要，保证信息系统的可持续发展；在各分系统的建设中，要严格统一集成化管理，防止盲目开发、自由设计、任意拓展。安装“防火墙”、设置访问权限，对关键设备进行物理屏蔽；使用滤波和干扰设备器材以及建立备份系统等方法，最大限度地减少电磁信号辐射，阻止敌方通过网络入侵，维护应急供应链信息系统安全。对各类应急供应链信息网络和信息系统的运行进行经常性的巡查、搜索、监测，有效防范和及时解决各类可能出现的信息安全特别是网络安全问题。

九、锻造素质优良的应急供应链信息化人才队伍

应急供应链信息化人才，包括熟悉应急供应链信息化长期规划与宏观集成化管理的决策型人才、实施信息技术研究与开发的专家型人才、进行信息技术应用的复合型人才、担负信息系统和信息化装备使用维护的专业型人才等。应急供应链信息化人才始终是应急供应链信息集成化管理的主体，是推进应急供应链信息集成化管理的第一要素。信息化人才是应急供应链信息化成功之本，加强应急供应链信息化人才队伍建设，无疑是着眼于应急供应链信息集成化管理全局的重要战略举措。努力培养和造就一支适应应急供应链信息集成化管理需

要的结构合理、素质较高的信息化人才队伍，既是应急供应链信息集成化管理的紧迫任务，又是保证应急供应链信息集成化管理持续健康发展的重要应急保障。

我国应急供应链信息集成化管理起步晚、起点低，与发达国家相比，不仅信息化装备落后而且信息化人才也比较匮乏。造就一批能够驾驭未来应急保障的人才群体势在必行。必须营造惜才重才用才的良好氛围，制定完善总体培养目标和规划，合理确定各级各类信息化人才的数量和比例，选拔人才并重点加以培养，力求在短期内形成一支门类齐全、初中高梯次搭配、素质优良、技术精湛的信息化骨干人才队伍；在相关院校建立信息化人才培养应急物流基地，开设应急供应链信息化、电子商务、信息技术应用、信息集成化管理、信息安全等专业学科，为应急保障部门培养、输送和储备高素质的信息化专业人才；借助社会信息化人才丰富的资源优势，积极引进高层次信息化人才，充实信息化人才队伍。同时，还要通过建立岗位互换、交叉培养、沟通协调等机制，逐步造就一批既懂应急保障业务又懂信息技术的复合型人才，并力争做到人尽其才、才尽其用，避免人才浪费。

第七节　应急供应链集成化管理信息系统的总体设计

应急供应链集成化管理系统是应急供应链集成化管理的一整套解决方案，它覆盖了从应急物资需求部门提报需求计划到生成采购计划、编制合同、质检入库、办理出库和出入库统计核算的全部业务过程，包括应急物资供应商集成化管理（采购合同集成化管理、采购价格集成化管理、应急物资供应商评估）、采购集成化管理、订单集成化管理、发票校验、质量集成化管理、合同集成化管理、价格集成化管理、库存集成化管理、配送集成化管理、运输集成化管理、集成化资金结算等基本模块，从业务操作、集成化管理监控、环境分析、决策支持四个层次对应急保障活动进行全面集成化管理。

一、应急供应链集成化管理信息系统的技术特色

应急供应链集成化管理信息系统是应急供应链集成化管理的全面解决方案，从业务操作、集成化管理监控、环境分析、决策支持四个层次对应急保障活动进行全面集成化管理。它融入了先进的供应链集成化管理思想，在规范业务流程、物流信息跟踪、适用性强等方面优势明显。它加强了价格控制和应急物资供应商集成化管理，扩展了系统集成能力，丰富和完善了统计分析和报表集成化管理等功能。

应急供应链集成化管理信息系统具备以下主要技术特色。

B/S 结构：实现了用户层、WEB 服务器、应用服务器、数据库服务器的合理分布，实现了应用服务器的群集，整个系统具有很高的可扩展性和安全性以及可靠性。

中间件技术：实现了良好的系统资源集成化管理技术，加密技术，XML 交换技术，为应急供应链集成化管理信息系统的进一步升级奠定了良好的基础。

跨平台多数据库支持：应急供应链集成化管理信息系统可采用纯 JAVA 技术，它可在各主流的服务器及 Unix、Linux、Windows 平台上运行，实现跨平台应用，全面支持 Oracle、DB、SQL Server。

XML 数据标准和数据交换平台：XML 具有简单、开放、可扩展和自我描述功能，利用 XML 作为数据交换的接口和平台，可为应急供应链集成化管理信息系统提供无限的扩展性。

应急物资编码可以定义 6 级达 20 位，编码规则可以自定义。具有功能层和数据层两个层次、多种权限控制和用户操作日志。报表集成化管理工具允许用户自定义报表和单据，并提供预定义报表。参数控制和模块重组功能适应编制体制调整。支持电子商务模式，在应急物资需求部门和应急物资最终用户与应急保障部门的供需关系以及应急保障部门与应急物资供应商的供需关系中实现。

多角度分析应急保障需求、计划、采购、合同、运输、仓储、配送、回收处置、财务等数据，辅助业务集成化管理人员从专业角度解析业务过程和业务数据，决策人员从全局角度分析各业务单元间的关联，为科学集成化管理提供定量的数据支持。提供与其他系统的横向集成性和与上级主管部门和下属单位的纵向连接性。通过通用数据接口模块，实现了与局域网上财务部门、应急物资需求部门等的连接，以及与上级主管部门、下级单位信息交换的能力。

二、应急供应链集成化管理信息系统的网络结构

应急供应链集成化管理信息系统可采用 B/S 结构与 C/S 结构相结合的方式。用户端运行 Windows 操作系统。服务器端使用 Unix 和 Windows 等操作系统，运行 Oracle 和 SQL Server 等数据库系统。应急供应链集成化管理信息系统网络结构如图 8-1 所示。

应急供应链集成化管理系统的网络结构满足了对内互联（与应急物资需求部门、财务部门、应急物流基地、应急物流中心、应急物资

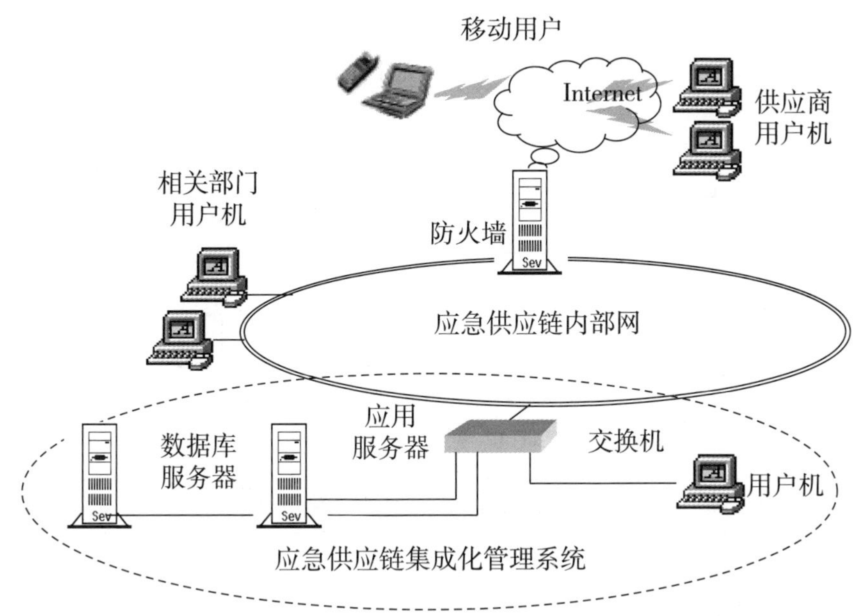

图 8-1　应急供应链集成化管理信息系统网络结构

最终用户等紧密集成）及对外与应急物资供应商实现电子商务、有效集成的要求。

三、应急供应链集成化管理信息系统的基本功能

应急供应链集成化管理信息系统的功能划分如图 8-2 所示。

其中决策层对应急供应链进行组织、指挥、协调、控制，确定采购目标；环境层将应急供应链集成化管理信息系统向应急保障部门外部延伸，将应急物资供应商纳入内部集成化管理；监控层通过审核价格、合同并跟踪执行，实现对应急保障主要过程的监控，强化应急保障业务过程的监督制约；业务层是应急保障业务的具体操作层，单元之间明确的分工与协作、流水线式的分段集成化管理，形成了环节间的协作与制约；系统层指系统维护、报表维护和编目管理。

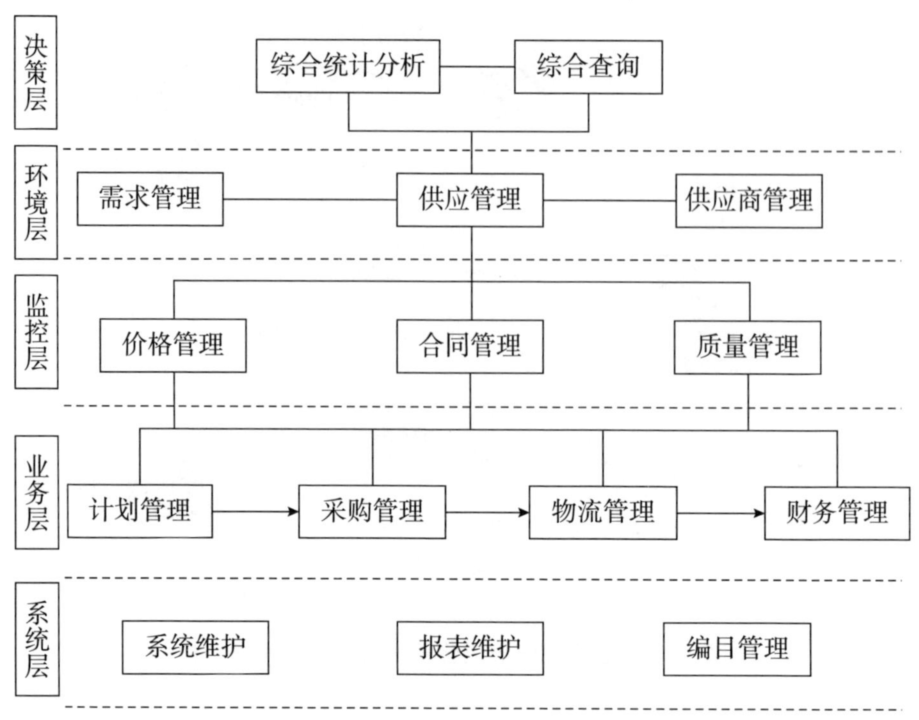

图 8-2 应急供应链集成化管理信息系统的功能划分

各功能模块的职能表述如下。

（一）需求集成化管理

需求集成化管理是从以往传统计划集成化管理中提升出来的向应急物资需求部门以及应急物资最终用户端的延伸，其作用是提高应急物资计划集成化管理的工作效率，提高对应急物资需求部门以及应急物资最终用户的服务质量。

（二）计划集成化管理

计划集成化管理通过有效汇总、平衡应急物资需求、库存应急物资、代用应急物资，形成需求计划缺口，制订采购计划，跟踪了解应急物资采购计划执行情况；做到按计划办理出库手续，及时进行需求计划核销，分析计划不准确和造成积压的原因。计划是龙头，计划集成化管理对于压缩库存资金占用、提高资金周转速度意义重大。

（三）采购集成化管理

采购集成化管理系统与应急物资供应商集成化管理和价格集成化管理紧密结合，严格执行应急物资采购计划，在确定的渠道和范围内开展询比价工作，选择质量可靠、价格合理、售后服务好的应急物资供应商签订采购合同，并接受质量、价格、合同审核和集成化管理部门的监督检查。按应急物资需用时间要求催交催运，适时组织到货、质量验收，完成采购过程的事前控制和事后的应急物资入库集成化管理和付款处理。完善应急物资采购过程集成化管理，有利于应急物资采购机构降低采购成本、提高采购效益。

（四）合同集成化管理

合同集成化管理与应急物资供应商集成化管理、价格集成化管理紧密结合，对应急物资采购过程中合同的合法（规）性进行审核和控制，建立合同集成化管理台账，跟踪合同执行过程，及时了解合同到货、质量、付款情况，落实合同核销制度，提供检查和考核信息。

（五）物流集成化管理

应急物流集成化管理系统主要是办理应急物资到货登记，及时反馈到货信息；按照合同、入库单、质量证明文件及其他资料及时办理到货验收入库，反馈不合格应急物资信息；完成发料；对应急物资存储量进行动态统计，及时反馈收发存动态、超储和不合理储备应急物资信息，出库时又能实时监控应急物资的配送全过程，直至运抵应急物资最终用户。

（六）财务集成化管理

财务集成化管理系统对应急物资采购资金实行统一集成化管理、使用、核销，对出入库单和其他单据进行稽核，对清款单、货款发票、合同、入库单进行审核，办理付款凭证，定期进行经费使用情况的分析，实现应急保障各环节中发生的经费预算和资金支付情况的统计，对经费使用进行监督，按时编制会计报表。

（七）质量集成化管理

质量集成化管理系统在应急保障过程中设置监控点，对计划、生产、采购、运输、仓储、配送、使用、回收等各环节进行质量监控。按要求组织重要应急物资监造；按规定负责应急物资检验工作、负责组织办理委托检验，填写质量检验报告和质量检测报告；对质量问题及时组织调查、处理并提出处理报告，确保入库应急物资质量合格、库存应急物资质量状况完好、出库应急物资质量合格，保证供应的应急物资符合技术标准和规范，满足应急物资需求部门及应急物资最终用户的要求。

（八）价格集成化管理

价格集成化管理系统及时收集应急物资市场行情，更新应急物资价格信息库，对内提供应急物资指导价、行业价、历史成交价、市场价等价格信息，对主要应急物资制定采购控制价格，并根据市场行情变化及时调整该控制价格，使价格审核有充分的依据。对合同的成交价进行价格监控，加强应急物资价格监督制约。

（九）应急物资供应商集成化管理

应急物资供应商集成化管理系统建立并完善了应急物资供应商档案和产品信息，对应急物资供应商进行分级集成化管理，加强应急物资采购渠道的选择，从质量、价格、售后服务、交货期、柔性等方面对应急物资供应商进行动态的综合评估。应急物资供应商集成化管理对确保采购应急物资质量和按时交货，建立供需双方长期合作和共同发展关系提供了必要的前提。

（十）应急物资需求集成化管理

应急物资需求集成化管理是指在应急保障过程中根据应急物资需求部门和应急物资最终用户的需求信息提供相关服务。此功能模块有助于实现应急保障部门和应急物资供应商之间的信息共享，提升应急保障部门的服务水平，提高应急物资需求单位的满意度。

（十一）电子商务

电子商务是应急保障各参与方之间以电子方式而不是通过物理交换或直接物理接触完成的任何形式的业务交易，它包括网上采购、电子招标、电子数据交换（EDI）、电子支付手段、电子订货系统、电子邮件、传真、网络、电子公告系统等。电子商务模块主要处理网上采购、电子招标等业务。

（十二）统计分析

应急供应链集成化管理信息系统从全局集成化管理的角度，把各系统的数据有机结合起来，进行全局性的统计分析计算，为指挥控制人员提供决策支持。应急供应链集成化管理信息系统的每一项功能都从一个特定的角度反映应急保障工作中的问题和进度，辅助指挥控制人员掌握全局情况、监督业务执行情况、分析应急保障的基本规律。

（十三）应急物资编目集成化管理

应急物资编目集成化管理系统允许用户定义若干级若干位长的应急物资编目，自定义应急物资编目规则。

（十四）信息系统集成化管理

应急供应链集成化管理信息系统完成系统用户管理、权限分配、在线监控、关键业务数据备份和恢复及使用日志等集成化管理，是整个应急供应链集成化管理系统的维护和安全管理中心。

（十五）报表集成化管理

报表集成化管理模块提供了可供使用单位自行修订并按要求变更的报表、单据等形式，从根本上解决了报表变动和维护的问题。

应急供应链集成化管理信息系统可有效降低应急物资采购成本和不合理储备，提高应急供应链集成化管理效率和供应保障质量。同时也能理顺应急供应链集成化管理的流程，提供了应急供应链集成化管理的基本思路。

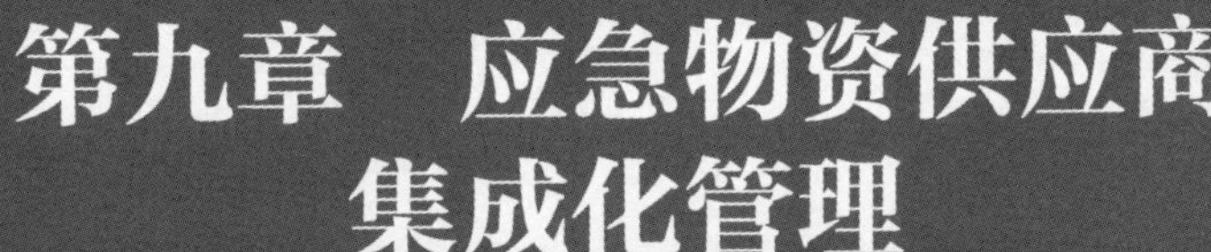

第九章　应急物资供应商集成化管理

应急物资供应商是应急供应链的源头和重要节点，也是应急保障部门的战略合作伙伴。在应急物资供应活动中，应急物资供应商的资质是否合乎要求、供货能否及时和保质保量、是否履约、应急物资供应市场是否透明有序等，既是应急保障部门的关注重点，也是应急物资供应商管理所要解决的问题。应急物资供应商管理是指在应急物资供应过程中，应急保障部门以应急供应链效益和经济效益为目标，对其所需应急物资的供应商进行选择、监督、考核、评比和不断优化的动态管理过程。加强应急物资供应商管理有利于与应急物资供应商建立长期稳定的战略合作伙伴关系，保证应急物资质量，提高应急保障效能。

第一节　应急物资供应商集成化管理概述

一、应急物资供应商集成化管理的基本内涵

（一）应急物资供应商的概念

应急物资供应商是向应急物资需求单位提供应急物资的各类供应商，包括应急物资的生产企业和流通企业，它既是国家应急保障力量的组成部分，也是应急物资供应的后方基地。其根本任务是向应急保障部门提供符合应急需求的应急物资，包括通用应急物资、专用应急物资等；其主要作用是研发、生产、供应应急物资并提供配套服务，

实现应急物资由国家经济领域向应急保障领域转移，保障重大应急事件对应急物资的需求。应急物资供应商的地位、任务和作用决定了无论是平时还是急时，也无论是在卖方市场还是在买方市场条件下，应急物资供应保障都离不开应急物资供应商。应急物资供应商是应急保障部门最直接、最重要的合作伙伴，应急保障部门应高度重视对其开发与管理，从源头上夯实应急物资供应基础，确保应急物资保障有力。

（二）应急物资供应商的基本类型

1. 一般应急物资供应商和重要应急物资供应商

一般应急物资供应商是指在买方条件下，一部分应急物资尤其是通用性强的应急物资市场资源相对过剩，采购这部分应急物资时，市场上能够实质响应采购的应急物资供应商众多，这部分应急物资供应商即一般应急物资供应商，通常是相对多的、与应急保障部门关系不很密切的应急物资供应商。对一般应急物资供应商只要选择适当的应急物资采购方式如公开招标、询价采购、竞争性谈判采购，在完成应急保障任务的同时也就完成了对这类应急物资供应商的开发与选择。

重要应急物资供应商是指由于应急物资采购特殊性的种种原因，目前市场资源缺乏时，能够实质响应采购的应急物资供应商或者对应急物资采购具有特殊意义的应急物资供应商，通常是为数不多的但与应急保障部门关系密切的应急物资供应商。

2. 现实应急物资供应商与潜在应急物资供应商

现实应急物资供应商是指已被应急保障部门通过招标形式加入应急物资供应系列，并由应急保障部门核准认可，具有应急物资供应商资格，可随时随地提供应急物资且能履约的应急物资供应商。

潜在应急物资供应商则指应急保障部门尚未授权但具备供货能力的应急物资供应商。

（三）应急物资供应商管理的概念

应急物资供应商管理是指应急保障部门以应急保障效能为目标，对其所需应急物资的供应商进行选择、考核、评比和不断优化的动态管理过程。应急物资供应商管理内涵主要指通过应急物资供应商开发、应急物资供应商评估、应急物资供应商战略联盟和应急物资供应商绩效管理等一系列活动，与应急物资供应商建立的稳定战略合作伙伴关系，实现和应急物资供应商的“双赢”，提高应急物资保障效能。

二、应急物资供应商集成化管理的目标

应急物资供应商管理作为一项系统工程，必须有明确目标。它以目标来统领系统中各个分散的管理要素。这一目标既要适应我国社会主义市场经济环境又要为应急采购制度改革服务，所以应急物资供应商集成化管理在满足应急采购制度改革的应急性目标、经济性目标和政治性目标的前提下还应实现其自身目标。

（一）建立并维持一个优秀的应急物资供应商群体

平时对那些具有一定优势但实力较弱的应急物资供应商应给予一定的帮扶，对应急物资供应市场进行有意识的培育，维持一个合理的应急物资供应商数量；定期对应急物资供应商进行选择优化，促进应急物资供应商的“新陈代谢”，使应急物资供应商始终维持一个良性

的适度竞争的局面。

（二）与应急物资供应商建立一个长期战略合作关系

平等对待应急物资供应商，维护应急物资供应商的合法利益，调动应急物资供应商参与应急物资采购的积极性。另外，与恰当的应急物资供应商建立长期战略合作关系，利益共享、风险共担，实现双赢。

（三）掌握可持续保障的应急物资供应商资源

随时掌握应急物资供应商的生产能力、地域分布、应急物资主要品种、技术质量指标、企业规模等相关信息，为应急动员做好充分准备。

三、应急物资供应商集成化管理的原则

应急物资供应商集成化管理应遵循以下原则。

（一）统一管理原则

应急物资供应商涉及行业多、地域分布广、具体情况差异较大，并且应急物资供应商数量多，应急物资供应商集成化管理的工作量大。我国在应急物资供应商管理工作中实行的是分级管理制度，由各级应急采购机构负责本级应急物资供应商的资格初审、入库登记和年检等工作。为了克服具体工作中标准不统一和重复劳动的现象，应急物资供应商集成化管理应体现统一管理原则。统一设置应急物资供应商管理组织机构，统一制定应急物资供应商集成化管理的各项标准，

统一协调分配应急物资供应商集成化管理的各项工作。

（二）资源共享原则

对应急采购机构而言，应急物资供应商是一种应急保障资源，对应急物资供应商进行集成化管理属于一种外部资源管理。为了提高集成化管理的效率，应急保障资源应充分共享。首先，是各级应急采购机构之间、各级应急采购管理部门之间、应急采购机构和应急采购管理部门之间实现应急物资供应商资源共享。发挥应急物资供应商信息化管理的优势，实现应急物资供应商集成化管理信息的互联互通。其次，是应急采购机构之间的资源共享。这主要是针对一些提供军地通用应急物资供应商，如药品和医疗器械供应商等。这类应急物资供应商可能既是军队应急物资供应商又是政府应急物资供应商，通过应急采购机构实现应急物资供应商资源共享可以减少这部分应急物资供应商集成化管理工作的工作量。

（三）合作双赢原则

现代市场经济条件下，国家、军队和应急物资供应商之间不存在行政隶属关系，亦非单纯的竞争关系，而是以应急保障效能为目的，建立在互利互惠、共同发展基础上的战略合作关系。只有供需双方抱着互利互惠、协同发展的真诚愿望，才能促成双方的紧密合作，最终从合作中分享各方应得的利益。在这一过程中，如果仅为一方获得利益或利益分配不合理，就势必损害另一方的利益，导致合作的失败。因此在应急物资供应商集成化管理制度的设计、管理过程的实施等各个环节都应考虑双方的利益，形成一种合作双赢的管理模式。如果应急采购机构和应急物资供应商的合作不能遵循合作双赢的基本原则，那么任何形式上的合作都是表象的、虚拟的，其结局必然是合作不顺畅、不愉快，最终导致合作失败。

（四）安全保密原则

应急物资采购中的技术要求、采购数量、交付方式等大量信息都涉及国家和军队应急保障的具体内容，一部分信息属于涉密信息。因此，在应急物资采购活动中要加强保密教育。为此，不但要提高应急采购人员的保密意识，更要强化对应急物资供应商的集成化管理，以提高他们的保密水平。首先，在应急采购信息的发布、与应急物资供应商交流等过程中要加强保密意识，严防泄密。其次，在应急物资供应商集成化管理过程中不得变相违规操作，放松对应急物资供应商的检查评审标准，无条件地扩大开放应急采购市场，危害国家安全。同时在进行应急物资供应商资格审查及参加质量检验时，也应严格保守应急物资供应商技术信息和经营信息等商业秘密，避免发生经济纠纷。

四、应急物资供应商集成化管理的意义

当前，应急保障部门的主要职能已由按计划调拨与供应转变为面向市场的应急采购管理，因此加强应急物资供应商集成化管理事关应急保障全局，意义重大。

（一）有利于完善应急物资采购管理体系

随着应急采购制度改革的不断深入，我国先后出台了一系列的法

规，分别从应急采购流程的规范、应急采购方式的选择、应急采购行为的监督等多个角度对应急采购机构进行监管。相比之下，对于应急物资供应商的监管却显得相对薄弱和滞后。应急物资供应商是应急物资采购活动中的重要当事人，是应急物资采购的重要组成要素。在应急采购管理过程中，如果一味地强调对应急采购机构的监管而忽略了对应急物资供应商的集成化管理，往往是“按下葫芦浮起瓢”，并不能全面提高应急采购管理质量。因此，一个完善的应急采购集成化管理体系应双管齐下，对采、供双方同时进行科学的双向管理，这样才能事半功倍地从整体上提高应急物资采购效益。

（二）有利于稳定应急物资保障资源

联合应急任务的特殊性决定了应急物资需求具有突发性的特点。因此，稳定的应急物资供应资源对于应急保障显得尤为重要。稳定的应急物资供应资源体现在两个方面：一是稳定的应急物资供应商群体。通过对应急物资供应商进行集成化管理，及时将新的优秀应急物资供应商吸纳到应急物资采购市场中来，同时将那些不合格的应急物资供应商淘汰出局，“优胜劣汰”，使应急物资供应商始终保持一个稳定合适的规模和数量。二是稳定的应急物资供应商合作关系。加强对应急物资供应商的集成化管理，在此基础上，与应急物资供应商建立一种基于长远目标，利益共享、合作双赢的战略合作关系。双方优势互补，合作共赢，共同抵御来自应急供应链的风险，从源头确保稳定的应急物资供应。

（三）有利于维护应急物资采购市场秩序

应急物资采购数量多、金额大，且应急资金支付能力较强，对应急物资供应商具有较强的吸引力。应急物资供应商群体鱼龙混杂，如果那些素质低下、诚信度不高的应急物资供应商进入了应急采购市场，必然会扰乱应急采购市场秩序。实行应急物资供应商准入制度，对应急物资供应商进行资质管理，可以先过滤掉一部分不合格的应急物资供应商，确保进入应急物资采购市场的应急物资供应商相对“纯洁”，确保应急采购市场相对“纯净”。然而事物都是不断变化的，在随后的应急采购过程中，个别应急物资供应商还是会发生一些违法、违规行为，因此，应急采购机构还应对已经进入应急物资采购市场的应急物资供应商进行全程动态管理，以确保应急物资采购市场秩序井然。

第二节　应急物资供应商集成化管理的内容

应急物资供应商集成化管理主要包括以下内容。

一、应急物资供应商目录管理

增加和删除应急物资供应商以及与其对应的应急物资、录入和维护应急物资供应商基本信息，及时定义和细化应急采购范围，实现对应急物资供应商群体的动态管理。应急物资供应商目录与电子采购系统相结合，可以实现对应急物资供应商的统一管理。

二、应急物资采购价格管理

制定和管理应急物资采购价格体系，对应急物资采购价格的执行范围、方式进行规范和限制。通过对应急物资采购价格的跟踪、历史数据的分析和预测功能，进行应急采购询价、比价、价格合理性分析和判断等，帮助应急采购机构实现科学准确的低成本采购；同时为电子化应急采购系统提供应急采购价格数据，实现快速、准确、合理的在线化应急采购。

三、应急物资采购合同管理

系统不仅对根据应急物资采购订单签订的多种应急采购合同进行多层次管理，而且对应急采购合同的执行状态进行跟踪，为应急物资采购集成化管理提供准确和详细的统计、分析信息，实现对应急物资采购合同履行的全程控制和管理。

四、应急物资供应商评估

应急物资供应商评估是应急物资供应商集成化管理中的一个核心应用模块。根据应急保障部门与应急物资供应商之间的业务往来，对应急物资供应商在一段时期内的供货质量、价格、交货期、服务、可持续性的改进等各方面进行综合、全面的统计和衡量，为应急采购机构选择应急物资供应商、进行应急采购活动提供准确的量化依据，切实提高应急物资采购质量和应急采购效率。

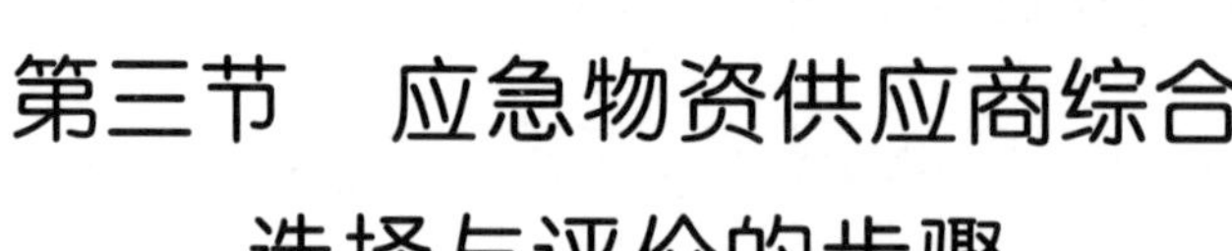

第三节　应急物资供应商综合选择与评价的步骤

应急物资供应商绩效评估十分烦琐，但必须坚持公平、公正的原则，必须拟定一整套严密完整的应急物资供应商绩效评估工作程序，有关部门或人员严格按照程序和标准实施，最终使应急物资供应商绩效评估成为增值活动，降低应急物资采购成本。应急物资供应商的综合选择与评价可采取以下几个步骤。

一、分析应急物资供应的市场环境

建立基于信任、合作、开放性交流的应急供应链长期战略合作伙伴关系，必须首先分析应急物资供应保障的具体环境。只有找到与某应急物资开发相适宜的供应商，所建立的应急供应链长期战略合作伙伴关系才有效，因此必须知道现在的应急物资需求是什么，并确认应急物资需求单位的实际需求和潜在需求；要确认是否继续应急供应链长期战略合作伙伴关系，则须根据应急物资需求的变化，再确定应急供应链长期战略合作伙伴关系的变化。

二、明确应急物资供应商选择目标

应急保障部门应明确应急物资供应商绩效评估程序如何实施，应侧重考核应急物资供应商供应业绩的哪些方面等，设定明确、合理，与应急物资供应大目标相一致的评估目标，确定评估的具体步骤并形成文件。其中降低成本是主要目标之一，应急物资供应商评价、选择不仅仅是一个简单的选择评价过程，其本身就是应急供应链的一次业务流程重构过程。

三、确立应急物资供应商评价标准

应急物资供应商绩效评估标准是应急保障部门对应急物资供应商进行综合评估的依据和标准，是反映应急保障部门本身和环境所构成的复杂系统不同属性的指标，是按隶属关系、层次结构有序组成的集合。根据系统全面性、简明科学性、稳定可比性、灵活可操作性的原则，建立应急供应链管理环境下应急物资供应商的综合评价指标体系。不同应急物资、不同环境下的应急物资供应商评价虽有所不同，但都涉及应急物资供应商的经营业绩、资质水平、生产规模、质量控制、价格优势、技术研发、用户满意度、交货期、反应速度、售后服务等方面，只是针对不同的应急物资供应商绩效评估设置不同的权重。

四、组建应急物资供应商评估小组

应急保障部门应成立包括应急物资需求单位、应急物资采购专家、应急物资采购部门和应急物资采购机构代表在内的应急物资供应商绩效评估小组，以进行应急物资供应商的选择评价。小组成员以来自应急物资采购、业务、财务、审计等与应急物资供应密切相关的部门为主，组员必须有团队合作精神，具有一定的专业技能。应急物资供应商绩效评估小组必须同时得到应急保障部门的支持。

五、邀请应急物资供应商参与评估

在评估小组进行有组织的考核前，应将评估标准及具体要求同有关应急物资供应商进行充分沟通。一旦应急保障部门决定实施应急物资供应商评估，评价小组必须与初步选定的应急物资供应商取得联系，以确认其是否愿意与应急保障部门建立应急供应链合作伙伴关系，并参与应急物资供应商绩效评估。应急保障部门应尽可能早地让应急物资供应商参与到评价的设计过程中来。由于应急保障部门只能与少数关键应急物资供应商保持紧密合作，所以参与的应急物资供应商应尽量少。

六、评价应急物资供应商实际绩效

评价应急物资供应商的一个主要工作是调查和收集应急物资供应商资质等方面的有关信息。在收集应急物资供应商信息的基础上，在考察平时收集整理的应急物资供应商的质量、价格、交货、服务、柔性等监测登记情况和应急物资需求单位信息反馈的基础上，结合走访应急物资需求单位的情况，由应急物资供应商评估小组填写综合评议表，并采用综合评分法、层次分析法等技术方法进行应急物资供应商绩效评估。根据评价结果选择合适的应急物资供应商，并建立应急供应链合作伙伴关系，如果没有合适的应急物资供应商可供选择，则重新开始评价选择。

七、建立应急物资供应链合作伙伴关系

应急保障部门在与应急物资供应商建立战略合作伙伴关系的过程

中，应急物资需求单位的应急物资需求会不断变化。可以根据实际情况的需要及时修改应急物资供应商评价标准，或重新开始应急物资供应商评价选择。在重新选择应急物资供应商的时候，应给予原有的优质应急物资供应商以充裕的时间适应变化。

第四节　应急物资供应商综合评价指标体系的构建

应急物资供应商的选择与评价是应急供应链集成化管理的重要内容。由于应急物资供应商与普通供应商相比，具有特殊性和复杂性，难以用单一或某一方面的指标来评价，采用综合评价方法进行全面、系统的评价的关键是要建立一整套应急物资供应商评价指标体系。目前，虽然对应急物资供应商有一些相关评价指标，但没有形成相应层次的评价指标体系。本部分主要研究新形势下应急物资供应商评价指标体系的构建工作。

一、应急物资供应商评价指标体系的构建缘由

评价应急物资供应商的优劣，需要有个量度的标准和尺度。这种标准和尺度就是评价应急物资供应商的指标。设立若干相互联系、相互制约的评价指标，构成应急物资供应商的评价指标体系，才能全面评价应急物资供应商的状况。应该指出，建立完善的评价指标体系并非易事，这既有对应急物资供应商要求特殊性的原因，更有长期以来在应急物资供应商选择方面对有关标准和定量考核不够重视的原因。

本部分仅对应急物资供应商评价指标体系的设置原则、方法步骤和基本构架作了简单探讨。

系统分析应急物资供应商各方面的评价要素，从应急物资供应商的众多指标中筛选部分最具代表性的指标，建立应急物资供应商的评价指标体系，进而评价各家应急物资供应商的水平，为应急物资供应主管部门的科学决策提供可靠依据，有利于应急保障各部门之间相互协调，共同搞好应急物资供应工作；同时还可供应急物资供应有关部门对照检查，分析实际工作中的薄弱环节，作出相应对策，选择最佳应急物资供应商，以提高应急物资供应效益。应急物资供应商评价指标体系的建立将促进应急物资供应商的选择与评价从简单经验型向定性定量结合型转变，有利于加强应急物资供应商的合理调控和科学管理。

二、应急物资供应商评价指标体系的设置原则

对应急物资供应商的评价指标体系的最基本要求是能够比较全面系统、客观准确、科学合理、简单明确、重点突出地评价应急物资供应商状况，并具有较强的可操作性。同时，要能够体现应急物资供应的各项政策、制度和标准。具体而言，设置指标体系时应遵循以下原则。

（一）系统性原则

评价指标体系是由若干个单项指标（单项指标又可细分为各项子指标）组成的整体，各单项指标之间互相依存、密切关联。评价指标体系要能反映评价对象各个方面的情况，即包含系统总体目标中所涉

及的一切方面。评价应急物资供应商状况，必须遵循系统分析的方法，因为整个指标体系具备系统的一般特征，即由若干个要素组成，并为总体功能服务。同时，各要素构成的指标体系还必须具有各要素在单一状态下所不具备的整体功能。本部分的研究基于系统论，从应急供应链管理的角度全面分析了应急物资供应商评价的各构成要素，将应急物资供应商评价指标体系分为三个层次，尽可能使评价指标体系全面系统。建立的评价指标体系不仅能够全面反映应急物资供应商的现有状况，而且还能体现应急物资供应商选择与评价的未来发展趋势。

（二）可比性原则

评价不仅是对应急物资供应商不同时期进行纵向比较，更重要的是对同类应急物资供应商进行横向比较。因此，建立的评价指标体系及应用的评价方法必须满足可比性的要求。可比性是在编设评价指标体系时，必须抓住同类评价对象所具有的共同属性，它是在指标概念和计算公式的确定、指标的去量纲及评价值的合成等过程中实现的，坚持可比性原则才能真实反映实际情况，避免得出错误结论。当然可比性是相对而言的，具有一定限度。评价指标及方法的可比程度越好，评价结果就越符合实际，反之符合程度越差。

（三）实用性原则

简明是指设置的评价指标要简单明了，抓住应急物资供应商评价的关键点，力求以最少的评价指标反映应急物资供应商的概貌。另外，应尽量设立数据易于收集、计算方法简便的有关评价指标。实用则是指人们经常提及的实用性、可行性、可操作性等类似内容。评价指标体系及其评价方法是为了实际应用，不仅编设者要会用，更重要的是使用者会用。因此，建立的评价指标体系应繁简适中，评价方法应简便易行，整个评价指标体系要与应急物资供应商的实际情况相适应，尽可能与现已运用的有关评价指标相一致。另外，要处理好业务需要和现实可能的关系，设立确实需要而且可能实施的应急物资供应商评价指标，使其真正切实可行，具有较强的可操作性。评价指标体系要能科学地反映应急物资供应商的实际情况，适中实用。如果评价指标体系过大、层次过多、指标过细则不能反映整体；指标体系过小、指标过粗又不能反映应急物资供应商的实际水平。

（四）客观性原则

评价的根本目的是服务决策，而评价的质量直接影响着决策的正确性，因此要保证评价指标的客观性，必须注意评价资料的全面性、可靠性、真实性、时效性和准确性，防止并有效控制评价人员的主观倾向性。评价人员的组成要具有代表性、广泛性和权威性，评价指标要如实反映事物的本来面目，务必做到与实际情况相符。

（五）现实性与预见性相结合原则

坚持这一原则有两方面的意义：一是建立的各评价指标要立足于应急物资供应商的现实，根据当前应急物资供应商选择与评价的实际需要设置评价指标，不能盲目设置一些近期甚至很长时期都难以实现的评价指标；二是建立评价指标体系还必须考虑到应急物资供应改革和发展的需要，使评价指标具有一定的预见性和超前性。

（六）定量分析与定性分析相结合原则

建立评价指标体系的目的是实现应急物资供应商考评的定量化。但是，由于应急物资供应商的选择涉及面广，各种关系比较复杂，反映其效益的评价指标也是多种多样的。有的指标可以定量描述，而有的指标却难以定量表示。因此，建立应急物资供应商评价指标体系必须采取定量与定性相结合的原则，对难以定量表示的指标进行定性描述，再经等级评分，变成定量描述，以达到量化目的。

三、应急物资供应商评价指标体系的基本框架

为对应急物资供应商加以客观评价，本部分建立了应急物资供应商综合评价指标系统，主要包括应急物资供应商的应急物资质量评价指标、应急物资供应商的应急物资价格评价指标、应急物资供应商的交货状况评价指标、应急物资供应商售后服务水平评价指标、应急物资供应商的柔性评价指标、应急物资供应商技术水平评价指标、应急物资供应商信息评价指标、应急物资供应商信誉评价指标、应急物资供应商合作伙伴评价指标九大子系统，各子系统的具体评价指标构成如下。

（一）应急物资质量

应急物资质量是否合乎应急物资需求是维持和提高应急保障能力的必要条件，它既是应急物资保障时首要考虑的因素，也是应急物资供应商绩效评估的重要方面。评估应急物资供应商的应急物资质量，不仅要从应急物资验收入手，更要从应急物资供应商内部去考察。例

如，应急物资供应商的质量检测系统是否完善、是否已经通过了 ISO 9000 系列认证等。从应急物资需求单位角度来看，应急物资供应商提供的应急物资质量可以从下面三个方面进行评价。

1. 应急物资质量水平

应急物资采购机构对应急物资质量的了解一般源于对应急物资供应商的定性评价，无法通过定量评估得出准确合理的评价结果。从应急物资需求方的角度来说，应急物资供应商的应急物资质量可从以下层次进行评价。

A1：应急物资供应商的应急物资质量在同类应急物资中处于世界领先水平；

A2：应急物资供应商的应急物资质量在同类应急物资中处于国内领先水平；

A3：应急物资供应商的应急物资质量在同类应急物资中处于领先水平；

A4：应急物资供应商的应急物资质量在同类应急物资中处于一般水平，但质量合格；

A5：应急物资供应商的应急物资质量不合格。

2. 应急物资合格率

应急物资合格率是指一定时期内合格应急物资的数量占应急物资供应总量的百分比。这一指标能反映应急物资的质量状况，对于应急物资需求单位至关重要，应急物资合格率越低，说明应急物资供应商提供的应急物资质量越不稳定或越不能满足严格的质量要求。

某时期的应急物资合格率 = 合格应急物资数量/应急物资供应总量×100%

3. 应急物资退货率

应急物资退货率是指一定时期内退货应急物资的数量占应急物资供应总量的百分比。这一指标可以反映应急物资的质量状况，过高的应急物资退货率将有损于应急物资供应商的企业形象，并直接影响应急物资需求单位满意度。

某时期的应急物资退货率=退货应急物资数量/应急物资供应总量×100%

（二）应急物资价格

从狭义上讲，应急物资价格就是应急物资采购机构购入应急物资的成本。而实际上，应急物资采购机构不仅需要考虑应急物资采购价格，还要考虑处理该应急物资（如检测检验、维护保养、组套包装、分拣配送、轮换更新、回收处置等）支付的各种变动费用（不包括订货成本等固定费用）。因此，考察一家应急物资供应商提供的应急物资是否具有综合优势，关键是要考虑其综合价格或性价比，而非狭义上的应急物资采购价格。

可通过考量平均价格水平、批量价格水平、价格优惠政策等价格指标，评测应急物资价格的合理性。应急物资采购机构把应急物资实际价格与市场价格或历史价格做比较的同时，还应全面分析应急物资的成本构成，以了解应急物资供应商实际报价的合理性。

由于对应急物资供应商的选择主要是在各横向应急物资供应商之间，因此在考虑应急物资价格因素时只需进行横向比较优劣。实际运用中，应急物资采购价格有确切数据进行比较，而变动费用和比率则需要根据应急物资的具体特征、应急物资需求单位的预期目标和应急物资采购机构的实践经验做出预测。

应急物资供应商价格优势=（应急物资价格-应急物资平均市价）/应急物资平均市价×100%

（三）应急物资交货状况

交货状况主要评价应急物资供应商满足应急物资需求单位订单交货的质量和能力。交货状况越好，越能满足应急物资需求单位的具体需求并且完成实际订单，并能最大限度地减少应急物资需求单位的缺货损失。

体现应急物资供应商交货状况的评价指标一般有订单完成率、准时交货率、交货准确率和交货有效率等。

1. 订单完成率

订单完成率是指某一时期内实际送达应急物资需求单位的应急物资数量占应急物资总订货量的百分比。

订单完成率=实际送达应急物资数量/应急物资总订货量×100%

2. 准时交货率

应急物资供应时限要求极其严格。这就对应急物资供应商的及时交货能力提出了较高要求。应急物资供应商能否按约定的交货期限和交货条件组织供应，直接影响到联合应急行动的成败，因此交付时间是评估应急物资供应商所要考虑的因素之一。

准时交货率是指在一定时期内应急物资供应商准时交货的次数与总交货次数的百分比。应急物资供应商的准时交货率能反映应急物资供应商制造过程的组织管理是否符合应急物资供应链顺利运行的要求。应急物资供应商准时交货率越高，说明应急物资供应链的应急生产能力越强，集成化管理水平越高，则应急物资需求单位需要保留的安全库存就越低。

交货准时率=准时交货次数/总交货次数×100%

3. 交货准确率

交货准确反映了应急物资供应商能把品种、规格、型号和数量都准确的应急物资送到应急物资需求单位的手中。交货准确必须满足三个条件：准确的应急物资、准确的数量和准确的地点。因此交货准确率即准确品种、规格、型号、数量和地点的交货次数占总交货次数的百分比。

交货准确率=准确交货次数/总交货次数×100%

4. 交货有效率

交货有效率反映了应急物资供应商能够保证应急物资在交货过程中的质量完好程度。交货有效率在配送环节上反映了应急物资供应商对应急物资需求单位的质量保证。交货有效率可以用有效交货次数占总交货次数的百分比表示。

交货有效率=有效交货次数/总交货次数×100%

（四）应急物资供应商售后服务

对应急物资的售后服务的要求相当严格，要求应急物资供应商具有灵活的售后服务水平。考虑到应急物资需求单位长期使用和战时的紧急所需，对应急物资供应商长期和应急的服务保障能力有特殊要求。应急物资供应商提供服务的整体水平，即服务应急物资需求单位的能力与态度，如上门安装等各种技术服务项目、方便应急物资需求单位的措施、培训应急物资需求单位操作技术等，是绩效评估的重点内容。售后服务水平是应急物资供应商绩效评价不可或缺的一个重要指标。通常可以选择应急物资需求单位抱怨解决时间、应急物资需求单位抱怨满意处理比率、应急物资需求单位满意度和应急物资需求单位投诉率来描述应急物资供应商的售后服务水平。

1. 应急物资需求单位抱怨解决时间

应急物资需求单位对不合格的应急物资、不满意的售后服务会发出抱怨，并希望应急物资供应商能在尽可能短的时间内解决应急物资需求单位提出的问题。应急物资需求单位抱怨解决时间是衡量应急物资供应商此类服务水平的指标。实际评价中，应急物资需求单位期望或者事先与应急物资供应商协定一个稳定的时期作为衡量基准，然后用实际解决时间小于协议时段的抱怨次数占总抱怨次数的百分比来表示该指标。

2. 应急物资需求单位抱怨满意处理比率

所谓应急物资需求单位抱怨的满意处理，是指应急物资供应商及时、有效地解决应急物资需求单位抱怨的情况。在实际应用中，应急物资需求部门可以对每次的抱怨做出标识，并对感到满意的抱怨解决方案做出标记，以考察应急物资供应商的服务水平。

3. 应急物资需求单位满意度

应急物资需求单位满意度是指应急物资需求单位对应急物资供应商服务是否满意的程度。在买方市场上，应急物资需求单位满意程度是应急物资供应商能否保持并扩大其竞争优势的重要因素。目前很多应急物资供应商均设有应急物资需求单位回访制度。通过电话、邮件或者上门回访，能及时获知应急物资需求单位对应急物资供应和售后服务的满意程度。在对应急物资需求单位进行回访的时候，可以让应急物资需求单位对应急物资供应保障和售后服务的满意程度进行 1~5 等级的测评和打分，最后取得应急物资需求单位满意度的平均数。

应急物资需求单位满意率=满意的应急物资需求单位数/总应急物资需求单位数×100%

4. 应急物资需求单位投诉率

应急物资需求单位在购买应急物资之后，对于可能出现的问题通常采取的是协商解决的办法，只有当应急物资问题通过正常渠道无法得以解决或者应急物资供应商出现重大失误时，应急物资需求单位才会采取投诉方式对应急物资供应商施以压力，以求妥善解决。通常可以采用应急物资需求单位投诉次数占总交易次数的百分比表示。

应急物资需求单位投诉率=应急物资需求单位投诉次数/总交易次数×100%

值得注意的是，一旦应急物资需求单位对某应急物资采取了投诉的解决方式之后，势必将对该应急物资供应商的信誉及其产品产生不良影响，甚至应急保障部门不会再购买该应急物资。所以对于应急物资供应商来说，应该尽可能地降低应急物资需求单位投诉率。

（五）应急物资保障柔性

柔性反映了应急物资供应商适应应急物资需求单位需要的响应能力。由于应急物资需求单位需求的特殊性，应急物资供应商需具备快速的反应能力以适应应急物资需求单位的需求。对于其他一般的绩效指标而言，快速反应能反映出应急物资供应商的现实能力，但应急物资供应商的柔性能力则能反映出应急物资供应商的潜在能力。应急物资供应商的柔性程度非常重要。应急物资供应商的柔性分为数量柔性、时间柔性和新产品柔性。

1. 数量柔性

数量柔性是指应急物资供应商在正常运营的情况下，生产应急物资的数量波动范围。该指标能反映应急物资供应商对应急物资需求单位数量需求变化的适应能力，可以采用应急物资供应商的生产能力范围来描述。

2. 时间柔性

时间柔性是指应急物资供应商对应急物资需求单位时间需求变化的反应能力，反映了应急供应链对应急物资需求单位需求的响应速度。

3. 新产品柔性

新产品柔性是指根据应急物资需求单位的需求，随时开发符合应急物资需求单位各种质量、技术要求的新产品的响应速度。可用增加新产品到现有产品系列中的所需时间来表示。

（六）应急物资供应商的技术能力

随着重大应急事件的日益增多和应急装备技术水平的不断提高，对应急物资提出的更高的技术要求呈现出专用性强、技术复杂、科技含量高等特点，应急物资供应商要具有较强的技术研发能力。一些应急物资，由于其立项、设计、建设的周期较短，在应急物资采购中，往往只向应急物资供应商提供技术参数和指标。具体的产品开发由应急物资供应商负责，只有具有较强开发能力的应急物资供应商才能适应应急物资需求单位的要求。技术能力是从应急物资制造商的角度反映其绩效水平，应急物资制造商的技术能力可以从其是否满足应急物资需求单位所需的工业标准、是否通过应急物资需求单位所需的 ISO 认证、应急物资供应商的产能以及研发能力反映出来。

1. 工业标准达标率

指应急物资供应商达到的工业标准数量和该行业所需达到的工业标准数量的百分比。应急物资供应商工业标准达标率不仅反映了应急物资制造商的技术能力，也影响到应急物资供应商所生产的应急物资的质量、价格等因素。

工业标准达标率=应急物资供应商达到的工业标准数量/该行业所需达到的工业标准数量×100%

2. ISO 认证率

指应急物资供应商通过 ISO 认证数量和该行业所需达到的 ISO 认证数量的百分比。国际标准化组织于 1987 年发布了一系列的质量标准，即 ISO 9000 质量体系。ISO 9000 中包括许多子标准，如 ISO 9001 等。应急物资供应商需达到这一系列标准，通过质量体系认证，才能证实其技术能力完全能够满足应急物资需求单位的要求，能提供适宜的应急物资。

ISO 认证率=应急物资生产商通过 ISO 认证数量/该行业所需达到的 ISO 认证数量×100%

3. 应急物资供应商的产能

指应急物资供应商在单位时间内生产应急物资的能力。应急物资供应商的产能是应急物资供应商能否满足应急物资需求单位的决定因素，产能的大小决定了应急物资供应商是否能满足应急物资需求单位的订单要求。应急物资供应商产能是应急物资供应商绩效评价的重要因素。

因为对应急物资供应商的选择是在各横向供应商之间，因此在考虑应急物资供应商产能时只需要横向比较优劣。

4. 研发能力

研发能力是应急物资供应商长期技术创新的源泉。应急物资供应商在研发方面的投入体现了应急物资供应商的长期技术发展能力。在研发方面的资金投入是体现其研发能力的重要指标，通常可以采用一定时期内研发费用占销售收入的百分比来表示。

（七）应急物资供应商的财务状况

应急物资供应商的财务状况可以从财务数据中反映出的其经营情况得以了解。应急物资供应商财务指标中含有大量信息，能减少绩效评价的不确定性。应急物资采购机构对应急物资供应商的财务状况分析主要有下列指标。

1. 资产负债率

资产负债率是指应急物资供应商一定时期负债总额同资产总额的比率。资产负债率表示应急物资供应商总资产中有多少是通过负债筹集的。该指标是评价应急物资供应商负债水平的综合指标，也是衡量应急物资供应商负债水平及风险程度的重要判断标准。适度的资产负债率既能表明应急物资供应商的风险较小，又能表明应急物资供应商经营安全、稳健、有效，具有较强的筹资能力。应急物资供应商的风险大小将会影响应急物资供应保障水平，以及应急物资需求单位的缺货损失。

资产负债率=负债总额/资产总额×100%

2. 流动比率

流动比率是应急物资供应商一定时期流动资产同流动负债的比率。流动比率是衡量应急物资供应商生存状况的一个辅助指标，可以用来衡量应急物资供应商短期债务偿还能力，评价应急物资供应商偿债能力的强弱。流动比率越高，表明应急物资供应商流动资产流转得越快，偿还流动负债的能力越强。该指标可以反映应急物资供应商是否有充沛的流动资金进行生产。

流动比率=流动资产/流动负债×100%

3. 速动比率

速动比率是指应急物资供应商一定时期内的速动资产（流动资产扣除存货）与流动负债的比率。速动比率是用来衡量应急物资供应商的短期偿债能力，评价应急物资供应商流动资产变现能力的强弱。

速动比率=（流动资产-存货）/流动负债×100%

4. 销售利润率

销售利润率是指应急物资供应商一定时期内销售利润总额同销售收入净额的比率。它表明应急物资供应商每单位销售收入能带来多少销售利润，反映了应急物资供应商主营业务的获利能力，是评价应急物资供应商经营效益的主要指标。

销售利润率=销售利润总额/销售收入净额×100%

5. 总资产报酬率

总资产报酬率是指应急物资供应商一定时期内获得的报酬总额与平均资产总额的比率。总资产报酬率表示应急物资供应商包括净资产和负债在内的全部资产的总体获利能力，是评价应急物资供应商资产运营效益的重要指标。该指标表示应急物资供应商全部资产获取收益的水平，全面反映了应急物资供应商的获利能力和投入产出状况。该指标越高，表明应急物资供应商投入产出比越高，应急物资供应商的资产运营越有效。

总资产报酬率=报酬总额/平均资产总额×100%

6. **净资产收益率**

净资产收益率是指应急物资供应商一定时期内的净利润同平均净资产的比率。该指标是评价应急物资供应商自有资本及其积累获取报酬水平的最具综合性与代表性的指标，反映应急物资供应商资本运营的综合效益。通过对该指标的综合对比分析，可以看出应急物资供应商获利能力在同行业中所处的地位，以及与同类供应商的差异水平。

净资产收益率=净利润/平均净资产×100%

7. **应收账款周转率**

应收账款是指应急物资供应商一定时期内销售收入净额与平均应收账款余额的比值。应急物资供应商的应收账款周转率越高，平均收账期越短，说明应收账款的回收越快，否则，应急物资供应商的营运资金过多地滞留在应收账款上，将影响应急物资供应商的正常资金运转。

应收账款周转率=销售收入净额/平均应收账款余额×100%

8. **存货周转率**

存货周转率是指应急物资供应商一定时期销售成本与平均存货的比率关系。该指标反映了一定时期内应急物资供应商的销售成本相当于平均存货的多少倍。

存货周转率=销售成本/平均存货×100%

9. 流动资产周转率

流动资产周转率是指应急物资供应商一定时期的销售收入净额与平均流动资产总额的比值。该指标反映了流动资产的周转速度。一般而言，该指标越高，表明应急物资供应商流动资产周转速度越快，利用越好。在较快的周转速度下，流动资产会相对节约，其意义相当于流动资产投入的加大，相对增强了应急物资供应商的盈利能力。

流动资产周转率=销售收入净额/平均流动资产总额×100%

10. 总资产周转率

总资产周转率是指应急物资供应商一定时期内销售收入净额同平均资产总额的比值。该指标体现了应急物资供应商经营期间全部资产从投入到产出周而复始的流转速度，是综合评价应急物资供应商全部资产经营质量和利用效率的重要指标，反映了应急物资供应商全部资产的管理质量和利用效率。

总资产周转率=销售收入净额/平均资产总额×100%

（八）应急供应链信息

1. 应急供应链信息的准确性

准确性是指应急物资供应商与应急物资采购机构及应急物资需求单位进行信息传递的数据是否准确无误。信息传递的错误有两种：一是应急供应链信息传递过程中的错误，二是应急供应链数据录入的错误。在现实生活中，应急供应链信息传递过程中系统发生的错误远远少于应急供应链数据录入中人为的错误。因此，绩效评价时应重点关注应急供应链数据录入的错误。

应急供应链信息的准确率可以采用应急供应链数据正确传递的次

数占数据总传递次数的百分比来表示。

应急供应链信息准确率=应急供应链数据正确传递次数/应急供应链数据总传递次数×100%

2. 应急供应链信息的时效性

信息传递的重要特征之一就是“及时”。如果应急物资供应商可能供货不足的信息能及时传递到应急物资采购机构，应急物资采购机构就能争取时间寻找其他补救办法，不致影响应急物资需求单位的需要。

应急供应链信息的时效性可以采用应急供应链数据及时传递的次数占数据总传递次数的百分比来表示。

应急供应链信息的时效性=应急供应链数据及时传递次数/数据总传递次数×100%

3. 应急供应链信息的有效性

在应急供应链信息能够准确、及时地传递之后，还需要关注应急供应链信息的有效性。大规模应急物资采购涉及的应急物资供应商少则几家、多则上百家，如果每个应急物资供应商都事无巨细地汇报应急物资全面情况，应急物资采购机构就无法逐一处理，或者说有些信息根本不需知悉。因此，需要对应急供应链海量信息进行甄选，挑出有用信息。

应急供应链信息的有效性可以采用应急供应链数据有效传递次数占总传递次数的百分比来表示。

应急供应链信息的有效性=应急供应链数据的有效传递次数/应急供应链数据总传递次数×100%

4. 应急供应链信息系统的先进性

应急供应链信息系统是应急供应链信息共享共用的硬件基础，是应急供应链信息传递的工具，其先进性在很大程度上决定了应急供应链信息传递的时效性和准确性。但是，应急供应链信息软硬件设备生命周期的短暂性也决定了应急供应链信息系统升级改造的频繁性。

应急供应链信息系统的先进性可以采用一定时间内应急供应链信息系统建设和升级改造费用占总营业收入的百分比来评价。

应急供应链信息系统先进性=应急供应链信息系统建设和升级改造费用/总营业收入×100%

（九）应急物资供应商战略合作伙伴关系

1. 长期合同

在应急供应链中，应急物资采购机构和应急物资需求单位与应急物资供应商的关系体现在合作上。如果没有应急物资采购机构和应急物资需求单位的长期供应合同，应急物资供应商可能很难根据应急物资需求单位的要求做出不断变化。

2. 履约情况

一般情况下，合同是法定的保持合作关系和互相监督的工具。应急物资供应商履约情况是评估其绩效的重要因素之一。应急物资供应商信誉差、合同按约履行率低，经常发生逾期履约和不按规定履约行为，即使生产的应急物资质量再好、报价再低，也不是合格的应急物资供应商。直接评估履约的指标有合同履约率、违约处理率等。间接影响应急物资供应商履行合同的因素有：①应急物资供应商对应急物资采购项目、订单数量是否感兴趣，订单数量大，应急物资供应商可能生产能力不足；而订单数量小，应急物资供应商可能缺乏兴趣。②应急物资供应商订单处理时间。③应急物资供应商是否具有自主研发应急物资的能力。④应急物资供应商目前的生产设备闲置状况，以了解其接单情况和生产设备的利用率。

3. 保密水平

应急物资保密性高，应急物资供应商必须遵循一定的保密原则。首先，大部分专用应急物资无法通过市场公开招标，避免泄密；其次，应急物资供应商不宜过多，且应相对稳定；最后，应尽量采购安装简单、维护方便的应急装备，便于应急物资需求单位安装使用。确实需要厂家现场安装和维修的，应经过严格政审，固定技术服务人员。因此，应急物资供应商必须在服从保密要求的前提下参与应急物资供应保障。

4. 资质证明

应急物资供应商资质主要包括：单位发展史，以反映是品牌企业还是新兴企业；单位经营史，以反映主营和辅营的应急物资品牌及其经验、水平、能力；负责人资历，以反映负责人的指挥控制人员能力，间接反映企业可持续发展能力。

通过对应急物资供应商情况进行评估，并对评估结果加以分析，应急物资供应商的实际状况可较为客观地反映出来。

第五节 应急物资供应商绩效评价的主要方法

应急物资供应商绩效评价的直接结果是对被评价的应急物资供应

商进行排序，理论和实践中存在很多绩效评价的方法，如专家定性判断法、综合评分法、层次分析法等。

一、专家定性判断法

专家定性判断法是凭借专家个人判断定性评价应急物资供应商绩效的一种主观评价方法。该方法一般通过选择和推荐，由专家寄出评语的方式进行。评价等级通常分为五级，等级的区分是通过评语措辞上的差异体现出来的。例如在应急物资供应商竞争力方面，“优”表示一级，“良”表示二级，“中”表示三级，“差”表示四级，“劣”表示五级。专家定性判断法的优点是简便易行，无烦琐的计算和公式推导；缺点是人为性大，容易受到各种主观因素（如情感、态度等）的干扰，精确度不高。

在评价过程中，专家的评语一般依据某一预先制定的评价标准给出。例如 5 项指标中，如果有 3/5 项（或 3/5 项以上）达到一级标准，则可认定绩效为一级水平；如果有 3/5 项（或 3/5 项以上）达到三级或三级以上标准，则可认定绩效为三级水平；如果分别达到一、二、三级标准的项目总计不足 3/5 项，则可认定该应急物资供应商绩效比较糟糕，达不到等级水平。

二、综合评分法

综合评分法是最常用的一种绩效评价方法，其基本思想是用评分来反映评委对各项指标的评价，通过数据的综合处理，用一个量化的结果来表达评价的结论。应急物资供应商绩效评价体系如图 9-1 所示。采用综合评分法评价应急物资供应商绩效通常包括四个步骤。

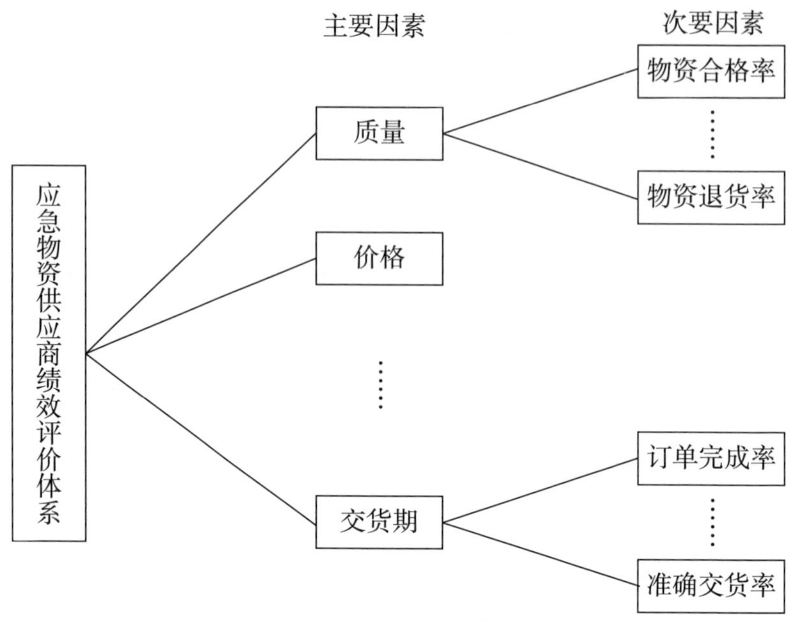

图 9-1　应急物资供应商绩效评价体系

（一）确定评价指标和评价等级

应急物资供应商绩效评价等级一般分为优、良、中、差、劣五个级别，其划分的依据是某一预先制定的评价标准。等级的区分是通过不同的分值来体现的，分值通常有小数制、五分制、十分制和百分制四种计分形式。其中百分制评分的范围较宽，能够区分同一等级内部的细微差别，因而使用较为普遍。

（二）给各项评价指标打分

每个评委依据评价标准对每一项评价指标给出一个具体分值。

（三）计算总分

根据各项评价指标的打分，运用数据统计方法计算出总分。数据统计方法很多，经常采用的主要有以下五种。

1. 相加

相加，即将各项评价指标的评分值相加，得出总分。其计算公式为：

$$S = \sum_{i=1}^{n} R_i$$

式中，

S——绩效评价的总分；

n——绩效评价指标的个数；

R_i——第 i（$i=1, 2, 3, \cdots, n$）项指标的评分值。

2. 相乘

相乘，即将各项评价指标的评分值相乘，得出总分。其计算公式为：

$$S = \prod_{i=1}^{n} R_i$$

式中，

S——绩效评价的总分；

n——绩效评价指标的个数；

R_i——第 i（$i=1, 2, 3, \cdots, n$）项指标的评分值。

3. 加乘混合

加乘混合，即先将各项评价指标按重要性进行分组，再分别将每组内各指标相加求和，然后将各组的和相乘求总分。其计算公式为：

$$S = \prod_{i=1}^{m} \sum_{j=1}^{p} R_{ij}$$

式中，

m——评价指标所分的组数；

p——同一组中的指标个数；

R_{ij}——第 i（$i=1, 2, 3, \cdots, m$）组第 j（$j=1, 2, 3, \cdots, p$）项指标的评分值；

S 的含义同前。

4. 加权相加

加权相加，即先将每一评价指标的评分值与该指标所对应的权重相乘，得出各指标的加权评分值，再将这些加权评分值相加，得出总分。其计算公式为：

$$S = \sum_{i=1}^{n} W_i R_i$$

式中，

W_i——第 i（$i=1, 2, 3, \cdots, n$）项指标的权重，可根据专家咨询、直接经验等方法确定；

S、n 和 R_i 的含义同前。

5. 加权相加与相乘混合

加权相加与相乘混合，即先将特别重要的评价指标相乘，得出乘法因子，再将该乘法因子与其余评价指标的加权相加结果相乘，得出总分。其计算公式为：

$$S = \prod_{i=1}^{t} a_i \sum_{j=1}^{n-t} W_j R_j$$

式中，

t——特别重要的评价指标个数；

a_i——第 i（$i=1, 2, 3, \cdots, t$）项特别重要的评价指标的评分值；

W_j——第 j（$j=1, 2, 3, \cdots, n-t$）项其余评价指标的权重；

R_j——第 j（$j=1, 2, 3, \cdots, n-t$）项其余评价指标的评分值；

S、n 的含义同前。

对于应急物资供应商绩效评价指标体系，可以用加权相加的方法给出如下基本评价模型：

$$S = \sum_{i=1}^{n} \left(\sum_{j=1}^{m} W_{ij} R_{ij} \right) W_i$$

式中，

S——应急物资供应商绩效评价的总分；

n——指标类别数（这里只有基本指标、修正指标和评议指标三个类别）；

m——第 i 类指标的指标个数；

W_{ij}——第 i 类指标的第 j 项指标的权重；

R_{ij}——第 i 类指标的第 j 项指标的评分值；

W_i——第 i 类指标的权重。

上述五种数据统计方法各有优点和局限性，在具体操作时应结合实际情况进行合理选择。

（四）计算评委会的评分

先重复上述三个步骤，计算每一位评委的绩效评价总分，再计算评委会的绩效评价综合评分。这个综合评分是一个量化的结果，是评委会所作的绩效总体评价。综合评分值越高，绩效就越好。

三、层次分析法

层次分析法（Analytic Hierarchy Process，AHP）是美国运筹学家萨蒂（T. L. Saaty）教授于20世纪70年代中期创立的一种多目标、多准则的较为实用的系统评价方法。它综合定量和定性分析，将人的思维条理化、层次化，对决策方案优劣进行排序，具有实用性、系统性、简洁性的特点。该方法体现了人类思维活动的基本特征和发展过程（即分解、判断、排序和综合），具有非常广阔的应用领域和应用前景。层次分析法是一种相对比较完善、计算简便的评价方法，具有许多其他方法不可比拟的优点，完全适用于评价和选择应急物资供应商。

层次分析法根据人类的辩证思维过程，首先，依据问题的性质和要达到的总目标，将一个复杂的研究对象划分为递阶层次结构，同一层次的各因素具有大致相等的地位，不同层次因素间具有某种联系；其次，对单层次的因素构造判断矩阵以得出层次单排序，并进行一致性检验；最后，为了计算层次总排序，采用逐层叠加的方法，从最高层次开始，由高向低逐层进行计算，推算出所有层次对最高层次的层次总排序值。对每一层的递推，都必须作相应的层次总排序的一致性检验。

（一）递阶层次结构

当人们对某个复杂现象的结构进行分析时，常常发现该结构中各因素的数目及其相互联系都非常庞杂，超出了人们对全部信息清晰理解的能力。在这种情况下，人们往往将大系统分解为一些相互关联的子系统。递阶层次就是这种特殊形式的系统。它模仿了人脑的思维方式，即将一个复杂的问题划分为多层次的结构，每个层次中的因素具有大致相等的地位，不同层次的因素间具有某种联系。

递阶层次结构模型如图 9-2 所示。其中，位于最高处的目标层体现了系统的最终目标；目标层之下的准则层是为了实现最终目标而建立起来的一套判断准则；指标层是在准则层的基础上分解出来的各种可操作、可测量的因素。同一层次的因素作为准则对下一层次的某些因素起支配作用，同时又受到上一层次因素的支配。

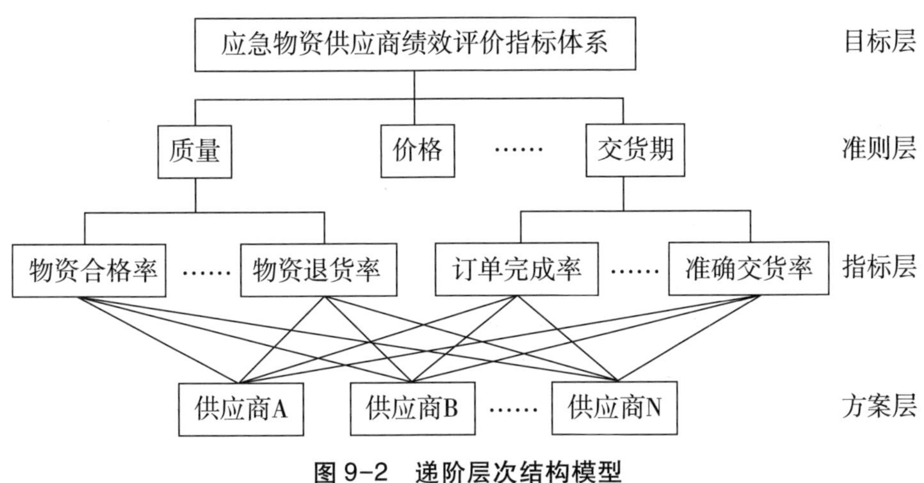

图 9-2　递阶层次结构模型

递阶层次结构按分层组合来处理系统问题，这比采用其他方法要迅速有效得多。它既可以用来描述高层次中因素排序变化对低层次中因素排序的影响，也可以在较低层次中提供关于系统结构和功能的详细信息，并在较高层次上使人们对目标有一个整体性的了解。人们在构造递阶层次结构模型时首先考虑的是方便，各层次联系是自然的，必要时还可以将不合理的层次进行分解或完全取消。

（二）判断矩阵的构成

与一般的分析评估相比，层次分析法判断矩阵的构成有突出的特点。在一般的分析评估中，构造判断矩阵的方法是先给定一个标尺，然后将每一个因素与该标尺进行对照，从而得出评价量值（作为判断矩阵的元素）。而层次分析法充分利用人类善于进行分析比较的优势，将各种因素之间的成对比较值作为判断矩阵的元素，这对尚无统一度量标尺的经济、科技以及科学管理等复杂问题的分析就显得直观明了。判断矩阵的一般表达式可用图 9-3 表示。

a_k	B_1	B_2	$\cdots$	B_m
B_1	b_{11}	b_{12}	$\cdots$	b_{1m}
B_2	b_{21}	b_{22}	$\cdots$	b_{2m}
$\vdots$	$\vdots$	$\vdots$	$\vdots$	$\vdots$
B_n	b_{n1}	b_{n2}	$\cdots$	b_{nm}

图 9-3　判断矩阵的一般表达式

图 9-3 中，a_k 表示 A 层次中的第 k 个因素，B_1，B_2，$\cdots$，B_n 表示与 a_k 因素有关的下一层次因素，b_{nm} 表示与 a_k 因素有关的下一层次因素 n 和 m 的两对比值。b_{nm} 值从表 9-1（由专家依据萨蒂专门设计的 1~9 标度法）中选取。

表 9-1　　判断矩阵标度及其含义

标度	含义
1	表示两个因素相比，具有同样重要性
3	表示两个因素相比，一个因素比另一个因素稍微重要
5	表示两个因素相比，一个因素比另一个因素明显重要
7	表示两个因素相比，一个因素比另一个因素特别重要

续　表

标度	含义
9	表示两个因素相比，一个因素比另一个因素极端重要
2，4，6，8	上述各相邻判断的中值
倒数	因素 n 与 m 比较得判断，则因素 m 与 n 比较得判断

（三）一致性检验

层次分析法判断矩阵的构成具有独特性，任何一个专家在对复杂系统按层次分析法中的矩阵构成进行逐项判断时，其结果原则上应满足 $a_{ij}=1/a_{ji}$ 和 $a_{ij}=a_{ik}/a_{jk}$。但这只是一种理想状态。由于客观事物的复杂性和人们认识能力的局限性，人们在对客观事物进行判断时，难免会出现一些或大或小的差错，若差错很小并且在允许的范围之内，则可以考虑接受所得到的结论；但是，如果差错太大，超出了允许的范围，则所得到的结论就不能被接受，专家的判断就是无效的。为了保证利用层次分析法得到的结论基本合理，必须针对人们对客观事物的定性分析判断进行严格的“是否一致”的定量检验。

在实际的一致性检验中，要先计算出最大特征根 λ_{max} 的近似值，λ_{max} 的近似值越接近 n（判断矩阵的阶数），则判断矩阵的一致性就越好。有了 λ_{max} 的近似值，我们就可以用一致性指标 CI 来表示一致性误差。CI 的计算公式为：

$$CI=\frac{\lambda_{max}-n}{n-1}$$

矩阵的阶数越大，完全一致性就越难达到。为测量不同阶数判断矩阵的一致性，可给出阶数为 n 的判断矩阵平均随机一致性指标 RI。

它是用随机方法构造出500个样本矩阵，然后计算得到的平均值。*RI*值可由表9-2查出。

表9-2　　*RI*取值表

n	1	2	3	4	5	6	7	8
RI	0.00	0.00	0.58	0.90	1.12	1.24	1.32	1.41
n	9	10	11	12	13	14	15	—
RI	1.45	1.49	1.52	1.54	1.56	1.58	1.59	—

判断矩阵的一致性指标*CI*与同阶平均随机一致性指标*RI*之比称为随机一致性比率，记为*CR*，$CR=CI/RI$，$CR\leqslant 0.10$时，即认为判断矩阵具有满意的一致性。否则应重新调整判断矩阵的元素，使之达到满意的一致性为止。

当判断矩阵出现不一致时，说明专家的意见分歧较大，需要对判断矩阵加以校正。校正的方法分为两类：一类是主观法，即集中专家智慧，靠经验凭感觉进行校正；另一类是客观法，即采用定量诊断法，首先确诊出判断矩阵的主要弊病所在，然后再由专家们研究适当改变比例，最终达到满意的目的。由此可见，客观法更为科学，因而应用也更为广泛。

（四）层次分析法的计算

1. 层次单排序

层次单排序可归结为如何计算判断矩阵的最大特征根及其对应的特征向量。特征向量反映了某层次因素相对于上一层次某因素的重要性。严格的计算方法是幂法。在计算机的支持下，利用这种方法可以得到任意精确度的最大特征值及其对应的特征向量。这里，我们介绍两种简易算法，即方根法、和积法。

（1）方根法的计算步骤

第一步：计算判断矩阵每一行元素的乘积 M_i 。

$$M_i = \prod_{j=1}^{n} a_{ij} \ (i=1,\ 2,\ 3,\ \cdots,\ n)$$

第二步：计算 M_i 的 n 次方根 $\overline{W_i}$ 。

$$\overline{W_i} = \sqrt[n]{M_i}$$

第三步：对向量 $\overline{\boldsymbol{W}} = (\overline{W_1},\ \overline{W_2},\ \cdots,\ \overline{W_n})^T$ 进行归一化处理。

$$\overline{\boldsymbol{W}} = \frac{\overline{W_i}}{\sum_{i=1}^{n} \overline{W_i}} \ (i=1,\ 2,\ 3,\ \cdots,\ n)$$

$\boldsymbol{W} = (W_1,\ W_2,\ \cdots,\ W_n)^{\mathrm{T}}$ 就是判断矩阵的特征向量。

第四步：计算判断矩阵的最大特征根 $\lambda_{\max}$

$$\lambda_{\max} = \sum_{i=1}^{m} \frac{(\boldsymbol{AW})_i}{nW_n}$$

式中，$(AW)_i$ 同样表示向量 $\boldsymbol{AW}$ 的第 i 个元素。

第五步：一致性检验。

先计算出 $CI=(\lambda_{\max}-n)/(n-1)$，再计算出随机一致性比率 $CR=CI/RI$。当 $CR\leqslant 0.10$ 时，则认为该判断矩阵具有满意的一致性。

（2）和积法的计算步骤

第一步：将判断矩阵每一列元素进行归一化处理。

$$\bar{a}_{ij} = \frac{a_{ij}}{\sum_{i=1}^{n} a_{ij}} \ (i=1,\ 2,\ 3,\ \cdots,\ n)$$

第二步：将归一化的判断矩阵按行相加。

$$\overline{W} = \frac{\overline{W_i}}{\sum_{i=1}^{n} \overline{W_i}} \quad (i=1, 2, 3, \cdots, n)$$

第三步：对向量 $\overline{\boldsymbol{W}} = (\overline{W_1}, \overline{W_2}, \cdots, \overline{W_n})^{\mathrm{T}}$ 进行归一化处理。

$\boldsymbol{W} = (W_1, W_2, \cdots, W_n)^{\mathrm{T}}$ 就是判断矩阵的特征向量。

第四步：计算判断矩阵的最大特征根 $\lambda_{\max}$。

$$\lambda_{\max} = \sum_{i=1}^{m} \frac{(\boldsymbol{AW})_i}{nW_n}$$

式中，$(AW)_i$ 同样表示向量 $\boldsymbol{AW}$ 的第 i 个元素。

第五步：一致性检验。

先计算出 $CI=(\lambda_{\max}-n)/(n-1)$，再计算出随机一致性比率 $CR=CI/RI$。当 $CR \leqslant 0.10$ 时，则认为该判断矩阵具有满意的一致性。

2. 层次总排序

如果考虑上一层次某个因素在其层次中的相对重要性，然后和下一层次的因素加权，就可得到下一层次因素相对于上一层次整个层次的组合权值，这就是层次总排序。为了求出最低层次所有因素对于最高层次的相对重要性的权重向量，可采用逐层叠加的方法，从最高层次开始，由高向低逐层进行计算。假定总目标下的第一层次 A 有 m 个因素 A_1，A_2，…，A_m，相邻的下一层次 B 有 n 个因素 B_1，B_2，…，B_n，通过单层次的计算，已得出 A 层的单层排序权值 a_1，a_2，…，a_m，以及 B 层的因素 B_1，B_2，…，B_n 对于 A_j 的单层排序权值 b_{1j}，b_{2j}，…，b_{nj}，（当某一因素 B_k 与 A_j 无联系时，$b_{kj}=0$），则 B 层次对总目标的层次总排序值可得。

依此类推，可以推算出所有层次对总目标的层次总排序值。

与单层次排序一致性检验相同，每进行一层的递推，都必须作相应层次总排序的一致性检验。假定 B 层次因素对于单层排序 A_j 的一致性指标为 CI_j，相应的平均随机一致性指标为 RI_j，则 B 层次总排序的随机一致性比率为：

$$CR = \frac{\sum_{j=1}^{m} A_j CI_j}{\sum_{j=1}^{m} A_j RI_j}$$

当求出的 $CR \leqslant 0.10$ 时，表明该层次总排序的结果具有满意的一致性。否则就要重新调整判断矩阵元素的取值，直至满意为止。

应急物资供应商绩效评估体系由多层评价指标构成，但其计算方法完全一致。因此，上述层次总排序及其检验具有一般性。

应急物资供应商绩效评估方法有多种多样，根据考核的精确性要求，可选择运用。以定性评估为主时，可考虑运用专家定性判断法；以定量评估为主时，可考虑运用综合评分法或层次分析法，相比而言，层次分析法计量的准确性更高一些。

第六节　应急物资供应商集成化管理的基本对策

我国应急物资供应商集成化管理水平与大型跨国企业相比，尚有较大差距，应借鉴国际供应商管理的先进经验，结合实际，构建具有我国特色的应急物资供应商管理制度。加强应急物资供应商管理是一项长期、复杂的系统工程，当前应重点抓好以下几个方面的工作。

一、完善应急物资供应商集成化管理法规制度体系

目前尚未建立起系统配套的应急物资供应商集成化管理法规制度体系，应尽快制定《应急物资招标投标管理规定》《应急物资采购合同管理规定》《应急物资供应商资格认证管理规定》《应急物资采购信息安全管理规定》《应急物资采购预算管理规定》《应急物资集中采购审计规定》《应急物资集中采购资金管理规定》《应急物资集中采购目录》《应急物资供应商管理规定》《应急物资供应商资质审核规定》等相关法规制度，对应急物资供应商如何进入应急物资采购市场，如何实施资格审查、准入认证、考核评估、奖励惩罚、退出机制、供应商申诉、纠纷处理等进行具体规范，并在应急保障部门内对应急物资供应商的主管机构及其职责权限等作出明确规定，解决当前应急物资供应商集成化管理散乱无序的问题。

二、努力构筑应急保障部门与应急物资供应商之间的战略合作伙伴关系

应急保障部门与实力强、信誉好的应急物资供应商应建立长期性、持久性的合作伙伴关系，通过经常性的交流沟通和适时的信息反馈，减少应急物资供应保障过程中的信息不对称现象，及时处理合作中出现的有关问题，重点是要处理好双方之间的利益共享和风险共担。在买方市场条件下，应急保障部门往往处于一种强势地位，因此在分配合作利益时，必须做到“帕累托改进”，真正实现合作共赢。在处理合作关系产生的风险（如供货不及时、产品质量有缺陷等）时，应急保障部门要与应急物资供应商加强协商，分清责任，不相互

推诿、不逃避责任，依据应急物资供应保障合同来共同处理风险问题。应急物资供应商与应急保障部门的战略合作关系客观上要求减少应急物资供应商的数目，建立数量少、规模大、实力强、技术优的应急物资供应商队伍。应急保障部门与应急物资供应商之间是一种竞合关系。应急供应链集成化管理的本质要求在于应急保障部门与应急物资供应商之间的充分合作，强调应急保障部门集中资源发展其核心业务，充分发挥应急物资供应商的优势。应急供应链管理要求应急保障部门改变对应急物资供应商的传统看法，与其把它当作竞争对手，还不如把它视为合作伙伴，为实现应急物资需求单位满意的目标而进行协同供应，应急物资供应保障活动按整个应急供应链的角度实行优化。应急物资供应商与应急保障部门之间虽然强调充分合作，但是利益冲突也是广泛存在的，应急物资供应商与应急保障部门之间也会因为利益差异而展开反复博弈。与应急物资供应商建立长期密切、互利互惠的战略合作伙伴关系，应急物资供应商实施道德风险的机会成本将会大大增加，从而最终保证双赢结果的实现。

三、建立健全应急物资供应商准入资格认证制度

应急物资供应商准入资格认证机制就是遵循市场准入限制原则，按照地域和应急物资类别、应急物资供应商分类，由应急保障部门根据实际需要，分别制定合理的市场准入标准，并依次向社会公开发布招标信息，对申请准入者的资质、信誉、实力，价格、代理权限、产品质量、服务水平、创新能力、技术水平等内容进行全面考查、审核和评价认证的过程。应急保障部门可以根据自身需要，建立科学规范的指标体系对应急物资供应商进行综合评价，合理运用这些指标对应

急物资供应商进行科学评定。这些指标包括应急物资供应商的供货质量、价格、交货时间、售后服务、柔性等，可以根据这些指标对应急物资需求单位的重要程度分别给予一定的加权综合考核。这些考核指标和数据资料对于应急物资供应决策的支持有着重要作用，同时也是对应急物资供应商进行实时监控，以及日后调整应急物资供应商的重要依据。应急保障部门对经审查不合格、不能获得应急采购市场准入资格认证者，严禁其进入应急采购市场；对经审查合格的应急物资供应商应发放准入证书，注册录入应急物资供应商资源数据库，赋予其相应的应急物资需求信息知情权、参与应急物资供应保障活动免审权、同等条件下供应合同优先授予权等优惠权利，使准入的应急物资供应商真正享受到准入认证的方便与实惠。应急物资供应商应实行年度认证制度，每年进行复核，从而实现应急物资供应商库的动态维护。建立健全应急物资供应商准入认证制度可以实现应急物资供应商资源的充分共享，因减少考察、审核应急物资供应商环节而大大提高应急物资供应保障效率，同时也为应急物资供应商提供了巨大的应急物资需求市场，最终实现应急物资供应商与应急保障部门的双赢格局。

四、适时适度对应急物资供应商进行激励

要保持长期战略合作伙伴关系，适时对应急物资供应商进行适度激励就显得极为重要。应急物资价格的确定不能单一谋求低价，要充分保证应急物资供应商的合理利润，切实保护应急物资供应商的合法权益；对应急物资供应保障实践中表现突出、售后服务、质量优良、技术先进的应急物资供应商加大订单数量，进行动态的应急物资供应商管理。对于恪守信用，严格履行应急物资供应保障合同的应急物资

供应商赠送牌匾、列入应急物资供应商内部排行榜等方式给予激励；市场经济鱼目混珠、良莠并存，有些应急物资供应商诚信意识淡薄、产品质量不高，串通谋取中标资格、不按合同履约、售后服务质量较差，严重损害对方利益。对于这类资质劣、信誉差的企业进行严肃惩处并将其记录备案，在政府采购网上进行公布，在一定时期内不允许其再进入应急物资供应市场，淘汰不合格的应急物资供应商将增强其他应急物资供应商的危机感，同时也应做好潜在应急物资供应商的市场开发，运用政策优惠和商誉激励等手段，鼓励更多的优秀应急物资供应商进入市场，保证应急物资采购能获得优惠的价格、优良的品质和优质的服务。

五、建立功能综合的应急物资供应商集成化管理信息系统

对应急物资供应商的管理不能仅停留在电话、会议、传真等传统方式上，还要建立功能完备的应急物资供应商管理信息系统。作为应急供应链集成化管理信息系统的一个子系统，应急物资供应商管理信息系统主要包括应急物资供应商认证注册系统、应急物资供应商数据库、应急物资供应商资源查询系统、应急物资供应商评价考核系统、应急物资采购目录数据库、应急物资采购信息发布系统、电子商务系统、电子合同管理系统和数字支付系统等。这一系统可通过与各准入的应急物资供应商的网站互联互通，达到应急物资供应商与应急保障部门和应急物资最终用户之间的信息共享，准入的应急物资供应商可随时通过系统了解应急物资采购的相关政策规定、应急物资采购程序、应急物资需求动向、应急采购招标信息以及竞标结果等；同样，

应急保障部门或应急物资需求单位可随时查询应急物资供应商背景资料、企业资质、地域分布、行业地位、售后服务、经营现状、批量折扣、市场行情，新产品研发等情况。通过应急物资供应商资源管理信息系统与供应商进行商务谈判、发布招标信息、公布竞标结果、公告准入的应急物资供应商名单，实施电子商务，开展应急物资网上采购，运用电子签名，签订无纸化合同，达到在应急物资安全保密的前提下实现资源共享、信息公开，减少应急物资采购环节，降低应急物资采购成本，提高应急物资采购效率，有助于增强应急物资采购活动的透明度。

参考文献

［1］应急管理部编写组．深入学习贯彻习近平关于应急管理的重要论述［M］．北京：人民出版社，2023.

［2］王宗喜，徐东．军事物流学［M］．北京：清华大学出版社，2007.

［3］刘继贤．军事管理学［M］．北京：军事科学出版社，2009.

［4］刘继贤．军事管理学教程［M］．2 版．北京：军事科学出版社，2012.

［5］刘新立．风险管理［M］．北京：北京大学出版社，2006.

［6］范道津，陈伟珂．风险管理理论与工具［M］．天津：天津大学出版社，2010.

［7］海峰．管理集成论［M］．北京：经济管理出版社，2003.

［8］龚卫锋，王兵，孙敏．集成化军事供应链管理［J］．中国物流与采购，2007（24）：41-42.